... POUR L'ENSEIGNEMENT DES LANGUES
PAR E. SOMMER

EXERCICES

SUR

L'ABRÉGÉ DE GRAMMAIRE

FRANÇAISE

à l'usage des classes préparatoires dans les lycées
et des écoles primaires

PARIS

LIBRAIRIE DE L. HACHETTE ET Cie
BOULEVARD SAINT-GERMAIN, N° 77

—

MÉTHODE UNIFORME

POUR L'ENSEIGNEMENT DES LANGUES

Ces exercices ont été rédigés par M. Castillon,
professeur à Sainte-Barbe des Champs.

C.

Paris. — Imprimerie de Ch. Lahure et Ciᵉ, rue de Fleurus, 9.

MÉTHODE UNIFORME POUR L'ENSEIGNEMENT DES LANGUES

PAR E. SOMMER

EXERCICES

SUR

L'ABRÉGÉ DE GRAMMAIRE FRANÇAISE

à l'usage des classes préparatoires dans les lycées
et des écoles primaires

PARIS

LIBRAIRIE DE L. HACHETTE ET Cⁱᵉ

BOULEVARD SAINT-GERMAIN, N° 77

1863

PRÉFACE.

Le plan de ces *Exercices sur l'Abrégé de grammaire française* est extrêmement simple, comme il convient à un livre
destiné à de très-jeunes enfants. Le choix et la disposition des
matériaux ont été confiés à M. Castillon, professeur à Sainte-
Barbe des Champs, qui, habitué depuis longues années à la
pratique des classes élémentaires, est l'auteur de nombreuses et
charmantes publications, toujours accueillies avec bonheur
par la jeunesse.

Nous avons suivi pas à pas, paragraphe par paragraphe,
l'ordre de l'*Abrégé de grammaire française*, en donnant au
moins deux exercices sur chaque règle. En général, nous
faisons d'abord reconnaître et indiquer par l'enfant, dans le
petit morceau placé sous ses yeux, l'espèce de mots dont il a à
s'occuper pour le moment; puis, dans un second exercice, nous
le provoquons à appliquer lui-même les principes et les règles
qu'il vient d'apprendre. Tantôt, comme on le verra pour les
noms et pour les verbes, nous lui donnons simplement une sé-
rie de formes; tantôt, comme pour les adjectifs indéfinis et les
verbes réfléchis, nous lui présentons une succession de phrases
détachées; le plus souvent nous choisissons dans quelque écri-
vain un passage court et, autant que possible, intéressant. Nous

avons cherché la variété, afin de prévenir la fatigue, résultat
naturel d'exercices trop monotones, et en même temps nous
nous sommes appliqués à éviter tout ce qui pouvait être obscur
ou embarrassant pour de jeunes esprits. Nous avons multiplié
les exercices de récapitulation, dont l'utilité est si grande, et
nous avons disposé le tout de telle sorte, que l'enfant qui aura
suivi nos exercices avec quelque attention aura appris tout ce
qui est nécessaire pour faire une bonne analyse grammaticale.

Toutefois, notre travail, pour être complété, a besoin encore
de tous les soins du maître. Ce sera à lui de juger, par exemple, d'après l'âge de ses élèves et leur facilité, si tel ou tel devoir ne doit pas être divisé en deux parties; ce sera à lui d'in-
sister sur tel ou tel point de la grammaire qui n'aurait pas été
suffisamment compris, et d'ajouter par conséquent des exercices nouveaux à ceux que nous avons donnés. Nous avons pré-
senté simplement un cadre, qu'on peut resserrer pour les intel-
ligences promptes et élargir presque à l'infini pour les esprits
plus lents à comprendre.

Nous engageons fortement les maîtres, et leur propre expérience le leur conseillera sans doute aussi, non pas à dicter les
sujets d'exercices, mais à les faire transcrire par les enfants.
Ce travail de simple copie est excellent pour donner l'habitude
de l'orthographe; c'est, selon nous, l'auxiliaire indispensable de
la dictée. D'ailleurs il est essentiel que le devoir sur lequel
l'enfant doit se livrer à un exercice de grammaire soit parfaitement correct, et que les fautes qu'il pourra faire grammaticale-
ment ne soient pas compliquées de fautes d'une autre nature;
la correction des unes distrairait nécessairement l'attention
qui doit être donnée tout entière aux autres.

Nous espérons que ce petit livre sera reçu du public

aussi favorablement que l'a été notre *Abrégé de grammaire française*, adopté dès sa publication dans un nombre considérable de lycées, de collèges, d'écoles primaires et d'établissements particuliers. Au moins n'avons-nous rien négligé pour le rendre digne du même accueil.

E. SOMMER.

EXERCICES

SUR L'ABRÉGÉ

DE GRAMMAIRE FRANÇAISE.

PREMIÈRE PARTIE.

ÉLÉMENTS DU LANGAGE.

CHAPITRE PREMIER.

DU NOM.

§ 15.

1er Exercice.

Rangez sur deux colonnes les noms communs et les noms propres donnés dans cet exercice, en mettant d'un côté les noms communs et de l'autre les noms propres.

Arbre. — Rivière. — France. — Paris. — Jardin. — Fruit. — Louis. — Angleterre. — Rhône. — Encrier. — Sable. — André. — Fureur. — Prusse. — Amitié. — Bonheur. — Tamise. — Étoffe. — Richesse. — Henri. — Combat. — Vaisseau. — Afrique. — Jalousie. — Océanie. — Verre. — Léon. — Amiral. — Portugal. — Rouen. — Faute. — Lyon. — Asie.

2ᵉ Exercice.

Soulignez d'un trait simple les noms communs, et d'un double trait les noms propros qui se trouvent dans cet exercice.

Pendant deux mois, Turenne et Montécuculli furent en présence sans combattre. Enfin, ils semblaient en être venus au moment d'engager une bataille décisive aux environs de Saltzbach, dans la partie allemande de l'évê-ché de Strasbourg, et Turenne se croyait sûr de la vic-toire, lorsqu'en visitant une batterie, il tomba mort, frappé d'un boulet de canon. Le même coup emporta le bras de Saint-Hilaire, lieutenant-général de l'infanterie, qui, voyant son fils fondre en larmes, lui dit en lui montrant le corps défiguré du héros : « Ce n'est pas moi, mon fils, c'est ce grand homme qu'il faut pleurer. »

3ᶜ Exercice.

Faites le même travail que sur l'exercice précédent.

Dans ce bazar indien, l'œil étonné découvre des châles de Cachemire et des lainages d'Angleterre, des coraux de la mer Rouge et des diamants d'Haïdérabad, des perles de Ceylan et de la quincaillerie de Manchester ; des épices des Moluques et du bois de Sandal, entre des nattes gros-sières et des mousselines brochées de la côte de Coroman-del ; des montres de France entre des conserves de la Chine et des sauces britanniques, des pâtés de Strasbourg et du Périgord entre l'eau de rose de la Perse, le henné africain qui sert à teindre en rose les doigts mignons des femmes hindoues, et l'antimoine qui noircit leurs cils.

Le Gange était près de là ; je pus le traverser sur mon éléphant, et du haut de ce belvédère vivant, je me plaisais à distinguer dans la foule la haute stature et les traits réguliers des Sikhes, les formes déliées et le teint noir des Bengalais, la face jaunâtre et aplatie du Tartare et du Thibétain, et l'aspect éminemment oriental de l'habitant du Caboul.

OBSERVATION.

L'élève indiquera par lui-même un certain nombre de noms communs et de noms propres qu'il rangera sur deux colonnes, en mettant d'un côté les noms communs et de l'autre les noms propres.

DU GENRE DANS LES NOMS.

§ 17-18.

4ᵉ Exercice.

Rangez sur deux colonnes les noms communs donnés dans cet exercice, en mettant d'un côté les noms masculins et de l'autre les noms féminins.

Tonneau. — Bouteille. — Oiseau. — Coq. — Tigre. — Oie. — Grammaire. — Voie. — Locomotive. — Fer. — Pays. — Été. — Campagne. — Pluie. — Colonne. — Malheur. — Larme. — Abondance. — Agneau. — Alouette. — Reine. — Magistrat. — Douleur. — Tonnerre. — Lenteur. — Vent. — Éclair.

5ᵉ Exercice.

Transcrivez tous les noms communs qui se trouvent dans cet exercice, et rangez-les sur deux colonnes, en mettant d'un côté les noms masculins et de l'autre les noms féminins.

Depuis trois mois, Marseille n'était qu'un amas de morts; abandonnées par les locataires, les maisons étaient sans portes, sans fenêtres, comme si l'incendie eût passé par là. Dans le port, dormaient, au milieu d'une eau tiède, des vaisseaux sans officiers, sans matelots, les flancs rongés de mousse. Plus de bourgeois en velours sur le quai, plus de pêcheurs en bonnets rouges sur les bateaux de la plage, plus de femmes richement parées aux promenades, plus de jeunes filles rieuses aux fenêtres.... Pourquoi cela? C'est qu'un passager venu de Syrie avait pris terre dans la ville.... Et ce passager c'était la peste.

6° Exercice.

Faites le même travail que sur l'exercice précédent.

A peine l'alouette eut-elle fait entendre la plus matinale des plaintes aériennes, que la primevère hâtive brillait à travers ses voiles d'or.

C'est trop tôt, fleur jolie; le nord nous souffle encore des frimas, les montagnes n'ont pas encore secoué leur blanche écume, les bocages sont pleins d'eau.

Ferme tes petits yeux d'or, belle primevère, et cache-toi dans le sein de ta mère; crains la perle glacée du matin et le givre meurtrier.

Née sous l'herbe vile, dans le bosquet sauvage, qu'est-ce qui te rend si fière, ô chère petite fleur?

Mais tu me plais ainsi, fleur de l'amitié; la rose n'aime que le grand jour et l'éclat, et toi tu recherches comme moi l'ombre et le silence.

OBSERVATION.

L'élève indiquera par lui-même un certain nombre de noms communs des deux genres, qu'il rangera sur deux colonnes, en mettant d'un côté les noms masculins et de l'autre les noms féminins.

DU NOMBRE DANS LES NOMS.

§ 19, 20, 21.

7° Exercice.

Rangez sur deux colonnes les noms donnés dans cet exercice, en mettant d'un côté les noms qui sont au singulier et de l'autre les noms qui sont au pluriel.

Inconstance. — Inquiétudes. — Pleurs. — Oubli. — Reproches. — Place. — Fanfares. — Tambour. — Instruments. — Effort. — Fruits. — Course. — Corsaires. — Charrue. — Châtiment. — Supplices. — Ornements. — Trésor. — Papiers. — Incendies. — Bruit. — Tempêtes. — Ruine. — Triomphes. — Orgueil. — Ignorance. — Humiliations.

8ᵉ Exercice.

Figurez-vous des plages sablonneuses, labourées par les pluies de l'hiver, brûlées par les feux de l'été, d'un aspect rougeâtre et d'une nudité affreuse. Quelquefois seulement, des nopals épineux couvrent une petite partie de l'arène sans bornes ; le vent traverse les forêts sans pouvoir courber leurs rameaux ; çà et là des débris de vaisseaux pétrifiés étonnent les regards, et des monceaux de pierres servent de loin en loin à marquer le chemin aux caravanes.

9ᵉ Exercice.

C'était un spectacle tout à la fois imposant et terrible que de voir tant de braves guerriers revêtus de riches armures, montant de superbes coursiers, se préparer à une lutte souvent meurtrière, assis sur leurs selles de guerre, comme autant de piliers d'airain, et attendant le signal du combat avec la même ardeur que leurs généreux coursiers, qui témoignaient leur impatience en hennissant et en frappant du pied la terre. Les chevaliers tenaient leurs lances droites ; le soleil en faisait briller les pointes acérées, et les banderoles dont elles étaient ornées flottaient au-dessus des panaches qui ombrageaient les casques.

10ᵉ Exercice.

Ils restèrent dans cette position jusqu'à ce que les maréchaux du tournoi eussent parcouru les rangs avec la plus grande attention, de peur que l'une des deux troupes ne se trouvât plus ou moins nombreuse que l'autre.

Après avoir reconnu que le nombre des combattants était égal de chaque côté, ils se retirèrent de l'arène, et le maître du camp s'écria d'une voix retentissante : « Laissez aller ! » C'était le signal ; les trompettes sonnèrent au même instant ; les chevaliers baissèrent leurs lances et enfoncèrent l'éperon dans les flancs de leurs coursiers : des deux côtés les premiers rangs se précipitèrent l'un sur l'autre au grand galop, et lorsqu'ils se rencontrèrent, le choc fut si terrible qu'on l'entendit à plus d'un mille[*] de distance.

OBSERVATION.

L'élève indiquera par lui-même plusieurs noms communs des deux nombres qu'il rangera sur deux colonnes, en mettant d'un côté les noms qui sont au singulier et de l'autre les noms qui sont au pluriel.

FORMATION DU PLURIEL DANS LES NOMS.

§ 22.

11ᵉ Exercice.

Transcrivez les noms communs qui sont au pluriel dans cet exercice, et indiquez-en le singulier.

Les habitants de l'Amérique vivaient dans une extrême ignorance avant l'arrivée des navigateurs européens. Loin de connaître les sciences, ils ne connaissaient pas les arts les plus simples et les plus nécessaires ; ils n'avaient point d'autres armes que l'arc ; ils regardaient les mers comme un grand espace défendu aux hommes, qui se joignait au ciel, et au delà duquel il n'y avait rien. Toutefois, après avoir passé des années entières à creuser le tronc d'un gros arbre avec des pierres tranchantes, ils se mettaient sur la mer dans ce tronc, et allaient le long des côtes, portés par les vents et par les flots.

---

[*] Le mille est une mesure itinéraire d'Angleterre, qui vaut 1,60931 mètres.

§ 22.

12ᵉ Exercice.

Transcrivez les noms communs qui sont au singulier dans cet
exercice et indiquez-en le pluriel.

Une ourse avait un petit ours qui venait de naître. Il
était horriblement laid ; c'était une masse informe et
hideuse. L'ourse toute honteuse alla trouver sa voisine la
corneille, qui faisait un grand bruit par son caquet sous
un arbre. « Que ferai-je, lui dit-elle, notre commère, de
ce petit monstre? j'ai envie de l'étrangler.—Gardez-vous-
en bien, dit la causeuse ; nous avons vu d'autres ourses
dans la même peine que vous. Allez, léchez doucement
votre enfant ; il sera bientôt joli, mignon, et propre à
vous faire honneur. » La mère crut facilement ce qu'on
lui disait. Elle eut la patience de lécher longtemps son
enfant. Enfin, il commença à devenir moins difforme, et
elle alla remercier la corneille en ces termes : « Si vous
n'eussiez modéré mon accès d'impatience, j'aurais cruel-
lement déchiré l'enfant qui fait maintenant le bonheur
de ma vie. »

§ 23.

13ᵉ Exercice.

Transcrivez les noms communs terminés au singulier par s, x, z,
qui se trouvent dans cet exercice, et indiquez-en le singulier et le
pluriel.

Les Druses, qui vivent dans les bois, ne se nourrissent
que de maïs, de noix, de radis, et parfois d'une sorte de
pilau composé d'un hachis de mouton et de perdrix con-
fectionné grossièrement avec du beurre de leurs brebis.
Les villageois de la plaine n'ont pas moins de sauvagerie
dans leurs mœurs ; ce sont eux surtout qui se sont montrés
si cruels envers les malheureux chrétiens dans les logis
desquels ils trouvaient ou des crucifix ou des croix.

§ 24.

14ᵉ Exercice.

Rangez sur deux colonnes, en indiquant le singulier et le pluriel, les noms en *eu* et en *ou* donnés dans cet exercice.|

Aveu. — Bambou. — Hibou. — Feu. — Cou. — Verrou. — Hébreu. — Coucou. — Canezou. — Jeu. — Sou. — Vœu. — Clou. — Chou. — Enjeu. — Époux. — Genou. — Houx.

§ 25.

15ᵉ Exercice.

Rangez sur trois colonnes, avec les chiffres 1, 2, 3, les noms qui se trouvent dans cet exercice; savoir :

1° Ceux terminés par *eau* au singulier comme au pluriel.
2° Ceux terminés par *al* ou *ail* au singulier et *aux* au pluriel.
3° Ceux en *al* et en *ail* qui ont la même terminaison aux deux nombres.

Donnez le singulier et le pluriel de tous ces noms.

Corbeau. — Local. — Bal. — Bail. — Flambeau. — Signal. — Chacal. — Bétail. — Cadeau. — Cordial. — Régal. — Ail. — Fardeau. — Canal. — Sérail. — Bateau. — Poitrail.

16ᵉ Exercice.

Transcrivez tous les noms qui se trouvent dans cet exercice, et indiquez-en le genre et le nombre.

L'Arabe laboure beaucoup; il possède de nombreux troupeaux qu'il fait paître; il ne plante point d'arbres. Le Kabyle cultive moins de céréales, mais il s'occupe beaucoup de jardinage. Il passe sa vie à planter, à greffer; il a chez lui des lentilles, des fèves, des artichauts, des navets, des concombres, des oignons, des betteraves, du poivre rouge, des pastèques, des melons. Il cultive le tabac à fumer; depuis quelque temps il plante des pommes de terre; il possède des fruits de toute espèce.

———

CHAPITRE DEUXIÈME.

DE L'ARTICLE.

§ 27-32.

17ᵉ Exercice.

Soulignez les articles définis qui se trouvent dans cet exercice.

Les Russes sont vainqueurs; le fort si vaillamment défendu est enfin en leur pouvoir; ils viennent d'en escalader les dernières redoutes en se faisant d'horribles échelons avec les corps des malheureux Polonais tous morts, tous frappés à la poitrine ou au front.

Mais bientôt le brave commandant, qui a pu s'échapper un instant, reparaît la torche à la main.... Tout à coup le ciel s'obscurcit des éclats de la terre soulevée; les canons sautent et, comme déchargés par des artilleurs, éclatent encore et roulent une dernière fois sur les essieux; les mèches allumées s'envolent dans les airs; l'on ne voit plus rien que les éclairs des obus; la fumée peu à peu se dissipe, le sable retombe en pluie. Regardez : le fort, les palissades, les remparts, les canons, les Polonais, les Russes, tout a disparu comme dans un rêve. Ce n'est plus qu'un mausolée immense dans lequel les assaillants et les défenseurs ont conclu pour la dernière fois un traité sincère et durable, traité de paix éternelle.

§ 33.

18ᵉ Exercice.

Soulignez les articles indéfinis qui se trouvent dans cet exercice.

Damoclès, un des courtisans de Denys le Tyran, exaltait l'opulence de ce roi, le nombre de ses troupes, ses richesses en tout genre, et concluait que jamais personne n'avait été si heureux que ce monarque. « Eh bien , puisque mon sort vous paraît si digne d'envie, lui dit le tyran, voulez-vous en essayer ? » Damoclès accepta l'offre de bon cœur. On le place sur un lit d'or couvert de riches tapis dont l'ouvrage était le plus merveilleux du monde. On étale sur les buffets une magnifique vaisselle d'or. On prodigue des essences, des guirlandes, des parfums. Damoclès se croit au comble du bonheur. Mais il lève par hasard les yeux au plafond et aperçoit une épée suspendue par un crin au-dessus de sa tête. Aussitôt l'enchantement se dissipe ; le courtisan a compris que les soucis et les dangers de la royauté en corrompent les douceurs.

§ 27-35.

19ᵉ Exercice.

Soulignez d'un trait simple les articles définis et d'un double trait les articles indéfinis qui se trouvent dans cet exercice.

La grotte de la déesse était taillée dans le roc, en voûte pleine de rocailles et de coquilles ; elle était tapissée d'une jeune vigne qui étendait ses branches souples également de tous côtés. Les doux zéphyrs conservaient en ce lieu, malgré les ardeurs du soleil, une délicieuse fraîcheur : des fontaines, coulant avec un doux murmure sur des prés semés d'amarantes et de violettes, formaient en divers lieux des bains aussi purs et aussi clairs que le cristal. Mille fleurs naissantes émaillaient les tapis verts dont la grotte était environnée. Là, on trouvait un bois de ces arbres touffus qui portent des pommes d'or, et dont la fleur, qui se renouvelle dans toutes les saisons, répand le plus doux de tous les parfums ; ce bois semblait couronner ces belles prairies, et formait une nuit que les rayons du soleil ne pouvaient percer : là on n'entendait jamais que le chant des oiseaux ou le bruit d'un ruisseau qui, se précipitant du haut d'un rocher, tombait à gros bouillons pleins d'écume, et s'enfuyait au travers de la prairie.

CHAPITRE TROISIÈME.

DE L'ADJECTIF.

§ 36-37.

20ᵉ Exercice.

Soulignez les adjectifs qui se trouvent dans cet exercice.

Le coq est un oiseau pesant dont la démarche est grave et lente, et qui, ayant les ailes fort courtes, ne vole qu'à de rares moments, et souvent avec des cris qui expriment les pénibles efforts qu'il fait pour s'enlever. Son front est orné d'une crête rouge et charnue.

Si le coq ordinaire est l'oiseau le plus utile de la basse-cour, le dindon domestique en est le plus remarquable. Il y a des dindons blancs, d'autres variés de noir et de blanc, mais le plus grand nombre a le plumage tirant sur le noir avec un peu de blanc à l'extrémité des plumes.

§ 38.

21ᵉ Exercice.

Transcrivez tous les adjectifs qui se trouvent dans cet exercice, et rangez-les sur deux colonnes, en mettant d'un côté les adjectifs qui sont au masculin, et de l'autre les adjectifs qui sont au féminin.

Je descendis tout tremblant de l'arbre où je venais de passer de si cruels moments, et me mis à courir dans la campagne déserte qui m'environnait; j'arrivai enfin tout haletant, tout épouvanté, dans une clairière verdoyante, où sous quelques grands arbres broutaient trois magnifiques éléphants, plus un petit; ce dernier m'aperçut au moment même où j'essayais de faire une retraite prudente. Ayant couru vers ses trois gigantesques compagnons, comme pour prendre leur avis, il se retourna subitement et vint droit à moi gambabant et folâtrant. Je m'enfuyais,

au plus vite, cherchant d'un œil avide quelque arbre
élevé à l'accès facile pour m'y réfugier, quand venant
à rencontrer une malencontreuse racine sur mon chemin, je la heurtai du pied et tombai lourdement à une
petite distance du jeune éléphant qui continuait à me
poursuivre. En me voyant étendu devant lui, il recula
d'abord, puis s'étant rapproché, il me flaira, me toucha
avec sa trompe flexible, me tourna, me retourna doucement et m'examina avec une scrupuleuse attention, accom-
pagnant ce jeu, qui me sembla bien long et bien cruel, de
petits cris de plaisir. Enfin, prenant un parti extrême,
désespéré, je me levai par un mouvement subit en poussant de grands cris et faisant des gestes menaçants ; l'é-
léphant s'enfuit alors, et je fus sauvé.

§ 39.

22ᶜ Exercice.

Mettez au pluriel les adjectifs laissés au masculin singulier dans
cet exercice et qui se rapportent à un nom au pluriel.

L'on a donné aux aigles le premier rang parmi les oiseaux de proie ; non parce qu'ils sont plus *fort* et plus
grand que les vautours, mais parce qu'ils sont plus *généreux*, c'est-à-dire moins bassement *cruel*, moins *déloyal*
dans leurs allures. Les aigles en effet sont plus *fier*, plus
hardi et ont au moins autant de goût pour la guerre que
d'appétit pour la proie. Les sons *rauque* et *guttural* que
poussent les vautours sont *effrayant* et ne ressemblent
point à ces cris *victorieux* que jette l'aigle quand il a triom-
phé de son ennemi.

§ 40-45.

23ᶜ Exercice.

Mettez au féminin singulier ou pluriel les adjectifs laissés au singulier
masculin dans cet exercice.

La Sibérie possède une grande variété d'eaux *minéral*,
surtout dans les parties *montagneux*. Les *long* et *haut*

chaînes de l'Oural donnent naissance à des sources *ferrugineux* et à des sources *chaud*, dont la plus *fameux* est dans le Kamtchatka.

Les métaux se trouvent en masses *abondant* et d'une *grand* richesse dans les profondeurs *caverneux* de rocs gigantesques. On en exporte d'*important* quantités de mica, substance *lamelleux* qui remplace le verre dans ces contrées si *pauvre*.

Chaque région de cette *froid* Sibérie possède cependant une flore assez *varié;* c'est surtout dans la Daourie que la flore *sibérien* est *intéressant*. On y voit croître l'anémone aux fleurs *blanc*, la viorne *pourpré*, le violier à fleurs *pâle*. A un tissu de couleurs *brillant* se mêlent des teintes d'une blancheur *éblouissant :* là est la statice d'or et la statice *rose*, la gentiane *bleu*, et enfin la panacea de Sibérie, dont on tire une infusion *doux*, *aromatisé*, quelquefois même *enivrant;* cette boisson tient lieu de thé aux *malheureux* peuplades qui habitent ces *triste* plages.

§ 38-45.

24ᵉ Exercice.

Transcrivez tous les adjectifs qui se trouvent dans cet exercice, et indiquez-en le masculin singulier.

A côté de Pluton était Proserpine : elle jouissait d'une beauté toujours nouvelle; mais elle paraissait avoir joint à ses grâces divines je ne sais quoi de dur et de cruel. Au pied du trône était la Mort, pâle et dévorante, avec sa faux tranchante, qu'elle aiguisait sans cesse. Autour d'elle volaient les noirs soucis, les cruelles défiances, les haines injustes; l'avarice, la plus vile de toutes les passions; le désespoir, qui se déchire de ses propres mains; l'ambition forcenée, qui renverse tout; les spectres hideux, les fantômes, qui représentent les morts pour épouvanter les vivants; les songes affreux; les insomnies, aussi cruelles que les tristes songes. Toutes ces images funestes environnaient les fières divinités qui habitent les profondeurs ténébreuses du Tartare.

§ 46-54.

25ᵉ Exercice.

Mettez aux trois comparatifs et aux deux superlatifs les adjectifs suivants :

Gros. — Rouge. — Bon. — Habile. — Rapide. — Mauvais. — Gentil. — Malin. — Petit. — Irascible. — Aimable. — Radieux. — Effroyable. — Humble. — Laborieux. — Jaloux. — Inquiet.

26ᵉ Exercice.

Transcrivez les adjectifs qui se trouvent dans cet exercice, en indiquant, à côté de chacun d'eux, s'il est au positif, au comparatif ou au superlatif.

Un enfant plus beau que le jour, mais aussi imprudent qu'il était beau, cherchait dans un jardin la fleur la plus odorante et la plus belle pour l'attacher à sa toque de velours.

Un lis orgueilleux levait devant lui sa tête superbe et semblait l'inviter à le cueillir, tandis que non loin de là l'humble violette, aussi odorante, mais plus modeste et plus chaste, tout en se cachant sous l'herbe, appelait à elle par le plus suave des parfums les mains incertaines du petit irrésolu.

Laquelle de ces deux fleurs, aussi attrayantes l'une que l'autre, cueillera-t-il donc? Hélas! l'éclat et le prestige de la grandeur n'ont-ils pas toujours séduit les enfants comme les hommes? Ce fut donc au lis que notre petit étourdi donna la préférence; mais un frelon, insecte très-venimeux et très-cruel, était caché dans le calice de la blanche fleur, et sans pitié il piqua l'imprudent.

27ᶜ Exercice.

Faites le même travail que sur l'exercice précédent, mais en distinguant les trois sortes de comparatif et les deux sortes de superlatif.

Quand la tempête est déchaînée, il semble que les voiles deviennent plus légères qu'un faible rideau de mousseline; le gouvernail se brise comme le plus mince roseau; le bruit du tonnerre est moins effrayant que le fracas des vagues qui viennent se briser sur les flancs du navire en flocons aussi blancs que la neige. Les vents grondent plus terribles que les plus puissants autans qu'Éole* ait jamais déchaînés sur la plaine liquide. On entend les clameurs de la foule, le bruit sourd ou strident des pompes. Présages terribles! les câbles se brisent dans les mains des matelots, le soleil se couche morne et aussi pâle qu'un agonisant; il emporte avec ses derniers rayons la dernière espérance de l'infortuné navigateur.

L'homme le plus brave ne peut voir sans pâlir ces effrayantes colères de la mer; quand de toutes parts la mort l'environne et le menace sous le plus horrible aspect, il tombe à genoux malgré lui, et élève vers le Dieu très-bon et très-puissant, qui seul peut le secourir, les ardentes prières du désespoir.

---

* Dieu des vents, dans la mythologie païenne.

CHAPITRE QUATRIÈME.

DU PRONOM.

I. — PRONOMS PERSONNELS.

§ 55-60.

28ᵉ Exercice.

Soulignez les pronoms personnels qui se trouvent dans cet exercice, et indiquez par les chiffres 1, 2, 3, à quelle personne ils appartiennent.

Un jour une abeille aperçut une mouche auprès de sa ruche. « Que viens-tu faire ici ? lui dit-elle d'un ton furieux. Vraiment c'est bien à toi, vil animal, à te mêler aux reines de l'air ! — Tu as raison, répondit froidement la mouche, on a toujours tort de s'approcher d'une nation aussi fougueuse que la vôtre. — Rien n'est plus sage que nous, dit l'abeille ; nous seules avons des lois et une république bien policée ; nous allons puiser les sucs des fleurs les plus odorantes, et le miel que nous faisons égale le nectar. Ote-toi de ma présence, vilaine mouche importune, qui ne sais que bourdonner et chercher ta vie dans les ordures. — Nous vivons comme nous pouvons, répondit la mouche ; la pauvreté n'est pas un vice, mais la colère en est un grand. Vous faites du miel qui est doux, mais votre cœur est toujours amer ; vous êtes sages dans vos lois, mais emportées dans votre conduite. Votre colère nuit à vos ennemis, mais elle vous donne la mort, et votre folle cruauté vous fait plus de mal qu'à personne. Il vaut mieux avoir des qualités moins éclatantes avec plus de modération. »

29ᵉ Exercice.

Faites le même travail que sur l'exercice précédent, et de plus indiquez par les lettres *s.* et *p.* si le pronom personnel est du singulier ou du pluriel.

Il faut que je vous conte une petite historiette qui est très-vraie et qui vous divertira. Le roi se mêle depuis peu de faire des vers. Il fit l'autre jour un petit madrigal, que lui-même ne trouva pas trop joli. Un matin il dit au maréchal de Gramont : « Monsieur le maréchal, lisez, je vous prie, ce petit madrigal et voyez si vous en avez jamais vu un si impertinent; parce qu'on sait que depuis peu j'aime les vers, on m'en apporte de toutes les façons. » Le maréchal, après avoir lu, dit au roi : « Sire, Votre Majesté juge divinement bien de toutes choses; il est vrai que voilà le plus sot et le plus ridicule madrigal que j'aie jamais lu. Le roi se mit à rire, et lui dit : N'est-il pas vrai que celui qui l'a fait est bien fat ? — Sire, il n'y a pas moyen de lui donner un autre nom. — Oh bien, dit le roi, je suis ravi que vous m'ayez parlé si bonnement : c'est moi qui l'ai fait — Ah! sire, quelle trahison! Que Votre Majesté me le rende, je l'ai brusquement lu. — Non, monsieur le maréchal, les premiers sentiments sont toujours les plus naturels. » Le roi a fort ri de cette folie. Pour moi, qui aime toujours à faire des réflexions, je voudrais que le roi en fît là-dessus et qu'il jugeât par là combien il est loin de connaître jamais la vérité.

§ 61, 63.

30ᵉ Exercice.

Soulignez les pronoms réfléchis et les pronoms directs de la troisième personne employés dans cet exercice, et distinguez-les par les lettres *dir.*, *réfl.*

Rien n'égale la vivacité des oiseaux-mouches, si ce n'est leur courage ou plutôt leur audace. On les voit poursuivre avec furie des oiseaux vingt fois plus gros qu'eux,

s'attacher à leur corps et, se laissant emporter par leur
vol, les becqueter à coups redoublés jusqu'à ce qu'ils aient
assouvi leur colère. Quelquefois même ils se livrent entre
eux de vifs combats; s'ils s'approchent d'une fleur et
s'ils s'aperçoivent qu'elle est fanée, ils la déchirent avec
dépit.

La panthère est d'une nature fière et inflexible; on la
dompte plutôt qu'on ne l'apprivoise. Il faut beaucoup de
soins pour la dresser à la chasse et encore plus de pré-
cautions pour la conduire et l'exercer. On la mène sur
une charrette, enfermée dans une cage dont on lui ouvre
la porte, lorsque le gibier paraît; elle s'élance vers la
bête, l'atteint ordinairement en trois ou quatre sauts, la
terrasse et l'étrangle.

31ᶜ Exercice.

Faites le même travail que sur l'exercice précédent.

Arrias a tout lu, a tout vu, il veut le persuader ainsi;
c'est un homme universel, et il se donne pour tel; il aime
mieux mentir que de se taire ou de paraître ignorer
quelque chose : on parle, à la table d'un grand, d'une
cour du Nord; il prend la parole et l'ôte à ceux qui allaient dire ce qu'ils en savent; il s'oriente dans cette région lointaine, comme s'il en était originaire; quelqu'un
se hasarde à le contredire et lui prouve nettement qu'il
dit des choses qui ne sont pas vraies. Arrias ne se trou-
ble point, prend feu au contraire contre l'interrupteur.
« Je n'avance, lui dit-il, je ne raconte rien que je ne
sache; je l'ai appris de Séthon, ambassadeur de France
dans cette cour, revenu à Paris depuis quelques jours,
que je connais familièrement, que j'ai fort interrogé, et
qui ne m'a caché aucune circonstance. » Il reprenait le fil
de sa narration avec plus de confiance qu'il ne l'avait
commencée, lorsque l'un des conviés lui dit : « C'est
Séthon à qui vous parlez lui-même, et qui arrive de son
ambassade. »

§ 64-65.

32ᶜ Exercice.

Soulignez dans cet exercice les mots *en* et *y*, toutes les fois qu'ils sont employés comme pronoms.

Un jour d'été, en travaillant à mettre en ordre quelques observations sur les harmonies de ce globe, j'aperçus sur un fraisier qui était venu par hasard sur ma fenêtre de petites mouches si jolies que l'envie me prit d'en décrire quelques-unes. Le lendemain j'y en vis d'une autre sorte que je décrivis encore; j'en observai pendant trois semaines trente-sept espèces toutes différentes. Il y en avait de dorées, d'argentées, de bronzées, de tigrées, de bleues, de vertes, de chatoyantes.

Il n'y avait pas moins de variétés dans leurs ailes : quelques-unes en avaient de longues et de brillantes, d'autres en avaient de courtes et de larges qui ressemblaient à des réseaux de gaze. Les unes abordaient sur cette plante pour y déposer leurs œufs, d'autres pour s'y mettre simplement à l'abri du soleil. Il y en avait d'immobiles, qui, implantées sur ce fraisier, en avaient pris possession à tout jamais.

II. — PRONOMS DÉMONSTRATIFS.

§ 66-70.

33ᶜ Exercice.

Transcrivez les pronoms démonstratifs qui se trouvent dans cet exercice, et rangez-les sur deux colonnes, en mettant d'un côté les pronoms qui sont au masculin, et de l'autre ceux qui sont au féminin.

Il se passa, dit-on, en Angleterre une scène assez plaisante entre un honnête cordonnier et un gentilhomme qui prétendait être nommé député au parlement. Celui-ci, d'un air fort humble, entre dans la boutique de l'artisan qui lui demande d'un ton brusque ce qu'il désire. Le gentilhomme répond : « Vous plairait-il, mon brave homme, d'ajouter votre voix à celles que j'ai déjà recueillies? — C'est une affaire sérieuse, s'écria le cordonnier, car lorsque je donne ma voix, je tiens à bien connaître ceux à qui je viens en aide et ce qu'ils sont capables de faire. Asseyez-vous, l'ami, buvons un coup, et causons ensemble. » Tout cela déplaisait souverainement à l'orgueilleux gentilhomme; cependant il but, tout en faisant la grimace, le verre de piquette que l'artisan venait de remplir. C'était en vérité mettre Sa Seigneurie à une rude épreuve.

La visite avait duré plus d'une demi-heure, et le noble personnage croyait avoir conquis le suffrage du cordonnier, quand celui-ci l'interpellant tout à coup, lui dit : « Maintenant vous pouvez compter, monsieur, que vous n'aurez pas ma voix; car je ne la donnerai jamais à celui qui cherche à s'élever par des bassesses. »

III. — PRONOMS RELATIFS.

§ 71-75.

34ᵉ Exercice.

Soulignez les pronoms relatifs qui se trouvent dans cet exercice.

Madame de Sévigné raconte ainsi la stupéfaction et la douleur d'une jeune femme qu'une fausse accusation avait tenue un an en prison, et qui dans cet intervalle avait perdu sa mère.

« Mme de Dreux, à qui on n'avait pas fait connaître la mort de sa mère, fut reçue à bras ouverts par son mari et toute sa famille, qui l'allèrent prendre à l'Arsenal. La première parole qu'elle dit, ce fut : « Où est ma mère, « et d'où vient qu'elle n'est pas ici? » M. de Dreux lui dit qu'elle l'attendait chez elle. Elle arriva bientôt chez elle. « Quoi! je ne vois pas ma mère! quoi! je ne l'entends « point! » On ne savait que lui dire. Elle pleurait, elle courait, elle l'appelait. Un bon religieux parut enfin et lui dit qu'elle ne la reverrait que dans le ciel. Cette pauvre femme s'évanouit et ne revint que pour faire des plaintes et des cris dont les assistants étaient violemment émus. Elle disait que c'était elle qui était la cause de la mort de sa mère.

« Que dites-vous de cette amertume qui vient ainsi troubler la joie de sa délivrance ? »

IV. — PRONOMS INTERROGATIFS.

§ 76-78.

35ᵉ Exercice.

Soulignez les pronoms interrogatifs qui se trouvent dans cet exercice.

Qui es-tu, toi que couvre cette pierre dont la blancheur pure paraît être l'emblème de l'innocence ? Approchons.... Qui donc est là ? Quoi ! c'est un enfant qui reçut et qui rendit presque en même temps son âme tendre et fugitive. Il n'a point connu la peine et la douleur. Il ne s'est arrêté qu'un moment aux portes de la vie. Est-ce un bonheur ? est-ce un malheur ? Qui sait ce qu'il aurait été un jour ? Il a dit un prompt adieu au temps et à la terre, il s'est élancé du berceau dans la tombe. Qu'a-t-il donc entrevu dans notre monde pour en sortir si brusquement ? Qui nous dira si, en goûtant à la coupe de la vie, il l'a trouvée amère ou douce ? Il jouit, dit-on, maintenant, du bonheur éternel ; mais qui d'entre nous, après avoir surmonté les tempêtes de la vie, ne sera pas aussi digne de ce bonheur ? Non, ne nous décourageons pas, nous qui souffrons. Qui nous dit que, si nous avons bien vécu, nous ne posséderons pas aussi le véritable bonheur ?

V. — PRONOMS INDÉFINIS.

§ 79-81.

36ᵉ Exercice.

Soulignez les pronoms indéfinis qui se trouvent dans cet exercice.

Ménalque descend son escalier, ouvre sa porte pour sortir ; il la referme, car il s'aperçoit qu'il est en bonnet de nuit, et venant à mieux s'examiner, il se trouve rasé à moitié, et s'aperçoit que chacun de ses bas est rabattu sur ses talons ; s'il marche dans les rues, il ne voit personne et va se jeter contre tout. On l'a vu une fois heurter du front un aveugle, s'embarrasser dans ses jambes et tomber avec lui chacun de son côté à la renverse. Il est aussi distrait chez autrui que chez soi : s'il entre dans un appartement, rien ne l'arrête ; il passe sous un lustre où sa perruque s'accroche et demeure suspendue ; chacun le regarde et rit, il rit plus haut que les autres et cherche dans l'assemblée à qui il manque une perruque.

37ᵉ Exercice.

Transcrivez et rangez sur deux colonnes les pronoms relatifs et les pronoms indéfinis qui se trouvent dans cet exercice.

Proverbes espagnols.

Quiconque est toujours le premier à table se voit rarement le premier au travail.

On fait toujours mieux de se taire que de parler mal.

Qui ne manque point de volonté ne manquera jamais de temps pour travailler.

Rien n'est plus difficile qu'entendre, voir, et avec tout cela se taire.

Quiconque beaucoup parle et peu entend,
Pour âne à la foire se vend.

Qui donne promptement, donne doublement.
Tous se disent bons, mais peu le sont.

Nul ne se dit parent du pauvre, et tous le sont du riche.

La vérité, comme l'huile, s'élève au-dessus de tout.

Qui se résout à la hâte se repent à loisir.

Quoi qu'on dise de toi, ne consulte que ta conscience.

Quelques-uns te diront : c'est bien ; d'autres te diront : c'est mal ; n'écoute que ta conscience.

Celui qui croit tout le monde se trompe autant que celui qui ne croit personne.

ADJECTIFS PRONOMINAUX.

I. — ADJECTIFS PERSONNELS OU POSSESSIFS.

§ 83-85.

38° Exercice.

Transcrivez les adjectifs possessifs du premier ordre qui se trouvent dans cet exercice, en indiquant le genre et le nombre de chacun.

Plus vous saurez borner vos désirs, plus vous serez riche.

Quand la fortune nous prodigue ses caresses, c'est qu'elle nous tend un piége.

On doit tenir sa parole, même à son ennemi.

Avec l'aide de Dieu, je saurai supporter mes malheurs.

Le temps qui fuit sur nos plaisirs semble s'arrêter sur nos peines.

39° Exercice.

Faites le même travail que sur l'exercice précédent.

Arrêtez ici vos regards. Il se prépare contre le prince quelque chose de plus formidable qu'à Rocroy, et, pour éprouver sa vertu, la guerre va épuiser toutes ses inventions et tous ses efforts. Quel objet se présente à vos yeux? Ce ne sont pas seulement des hommes à combattre, ce sont des montagnes inaccessibles, ce sont des ravines et des précipices. Nos troupes semblent rebutées autant par la résistance des ennemis que par l'effroyable disposition des lieux, et le prince se vit quelque temps comme abandonné. Mais comme un autre Mardochée, son bras ne l'abandonna pas, et son courage, irrité par tant de périls, vint à son secours. Bientôt Mercy voit sa perte assurée, ses meilleurs régiments sont défaits; la nuit sauve les restes de son armée.

40ᵉ Exercice.

Transcrivez et rangez sur trois colonnes, avec les chiffres 1, 2, 3, les adjectifs possessifs du premier ordre qui se trouvent dans cet exercice, et les noms auxquels ils se rapportent, savoir :
   1° ceux qui sont de la première personne;
   2° ceux qui sont de la deuxième personne;
   3° ceux qui sont de la troisième personne.

Guillaume Tell embrasse son fils et posant la pomme sur sa tête, il lui adresse ces dernières paroles : « Sois immobile, mon fils, détourne tes regards des miens ; car tu ne peux prévoir l'effet que produira sur ton esprit le fer brillant de ma flèche dirigé contre ton front. — Non, lui répondit l'enfant, je veux vous regarder et je ne verrai que mon père. — Ah! mon cher fils, s'écria Tell, ne me parle plus ; ta voix, ton accent m'ôterait ma force. »

Alors il reprend son arc, ses flèches, reporte ses yeux vers ce but si cher, essaye deux fois de viser cette pomme fatale, et tout en maudissant ses tyrans, leur cruauté et leurs inhumaines exigences, il roidit son bras qui tremble, accoutume ses yeux à ne voir que le but, et profitant de ce seul instant où il parvient à oublier son fils, il vise, tire, lance son trait, et la pomme emportée vole à travers l'espace.

§ 86-88.

41ᵉ Exercice.

Transcrivez les adjectifs possessifs du second ordre qui se trouvent dans cet exercice, en indiquant le genre et le nombre de chacun.

Nous cherchâmes à reconnaître, chacun de notre mieux, ce que signifiait le bruit que nous entendions dans les fourrés du bois. Était-ce des ennemis ou des amis qui s'approchaient? « Si ce sont les nôtres, dis-je, avançons; nous les recevrons bien; si ce sont des ennemis, nous les recevrons vraiment bien mieux encore; cet avis est le mien, messieurs; est-il le vôtre? » On applaudit et chacun se levant et s'armant dans l'obscurité cherchait confusément ses armes. « Cette épée est la mienne, disait l'un. — Non, c'est la mienne, disait un autre; j'ai mes armes, cherchez les vôtres. » Enfin tout se débrouilla, et nous allions pousser en avant, quand un mien ami vint me dire tout bas à l'oreille que cet étrange tapage qui nous avait donné l'éveil provenait d'une troupe de canards sauvages, qui venaient de prendre leur volée.

42ᵉ Exercice.

Transcrivez et rangez sur trois colonnes avec les chiffres 1, 2, 3, les adjectifs possessifs du second ordre qui se trouvent dans cet exercice, savoir :

1° ceux qui sont de la première personne;
2° ceux qui sont de la deuxième personne;
3° ceux qui sont de la troisième personne.

Le tien et le mien sont la source de toutes les querelles parmi les hommes.

ATHALIE.

J'ai mon Dieu que je sers; vous servirez le vôtre :
Ce sont deux puissants Dieux.

JOAS.

Il faut craindre le mien
Lui seul est Dieu, madame, et le vôtre n'est rien.

La jeunesse a ses plaisirs; l'âge mûr et la vieillesse ont aussi les leurs.

Si vous avez vos alliés en qui vous mettez votre confiance, nous avons aussi les nôtres.

Un sentiment coupable nous porte à envier toujours le sort d'autrui, et à n'être jamais content du nôtre.

Les véritables grands hommes ont toujours été fiers de leurs pères; Alexandre, aveuglé par la prospérité, en vint à rougir du sien.

Si les castors sont doués d'un instinct admirable, les abeilles ont aussi le leur, qui n'est pas moins merveilleux.

Ne soyez pas si sévère pour les défauts d'autrui ; chacun a les siens; mais nous voyons plus facilement ceux d'autrui que les nôtres.

§ 90-91.

43ᵉ Exercice.

Soulignez les adjectifs démonstratifs qui se trouvent dans cet exercice.

Que dites-vous? Ces bois sont déserts et silencieux! N'avez-vous donc jamais entendu ce rossignol à l'harmonieux gosier, cette fauvette aux douces chansons, ces merles causeurs qui vont et viennent comme les gens les plus affairés du monde, ce pétulant pinçon, charmant étourdi, qui agace tous ses confrères de ses cris aigus et de son bec acéré? Ne vous est-il jamais arrivé de voir passer au-dessus de votre tête ces bandes de corbeaux semblables à un grand éventail noir? Non, non, ces solitudes sont peuplées; cette forêt n'est pas déserte; depuis ce pauvre grillon caché sous l'herbe, jusqu'à cet aigle majestueux qui plane au haut des airs, tout ici a la voix, le mouvement et la vie. Peut-être préférez-vous le tumulte et l'agitation des villes? Pour moi, je ne puis comparer cette existence-là, toujours inquiète et fébrile, à cette vie des bois si paisible et à la fois si animée.

§ 92-93.

44ᵉ Exercice.

Soulignez les adjectifs relatifs qui se trouvent dans cet exercice.

Les élèves auxquels on a donné des récompenses sont fort nombreux dans cette classe.

L'enfant duquel je vous parlais hier a été admis à concourir pour une bourse.

Mes sœurs, après lesquelles je courais, avaient pris une route qui les a trompées.

C'est vous seul qui avez su me sauver du danger auquel m'exposaient mon inexpérience et ma jeunesse.

N'envions pas les grandes fortunes dans lesquelles se trouvent souvent les grands chagrins.

L'ingratitude à laquelle nous sommes exposés en secourant les misérables ne doit pas nous détourner de faire le bien.

Les arguments auxquels les hommes sont le plus sensibles sont ceux qui sont tirés de leur vanité.

Il en est des princes comme de la lumière, laquelle n'est placée dans un lieu éminent que pour se répandre partout.

La satisfaction intérieure est un bonheur auquel le méchant ne saurait prétendre.

La force de se vaincre soi-même, sans laquelle on ne fait rien de grand, peut seule donner à l'homme une juste raison de s'estimer.

§ 94-95.

45ᵉ Exercice.

Soulignez les adjectifs interrogatifs qui se trouvent dans cet exercice.

Le grand Condé réunissait à toutes les vertus d'un cœur héroïque toutes les qualités de l'esprit. Quelle capacité plus vaste, quel discernement plus exquis, quel goût plus fin, quelle compréhension plus vive, quelle manière de s'énoncer plus juste et plus noble?

S'il fallait assister à un conseil, avec quelle force de politique, avec quelle abondance d'expédients n'y opinait-il pas? S'il s'entretenait avec les savants, quelles lumières n'ajoutait-il pas à leurs réflexions? et dans ce qu'ils croyaient savoir, de quels faux préjugés ne les faisait-il pas revenir? Quel poids, s'ils le consultaient comme auteur, son approbation ne donnait-elle pas à leurs ouvrages? Et tout cela se trouvait chez lui dans une si juste mesure, qu'il serait difficile de dire laquelle de ces qualités l'emportait sur les autres.

§ 96-101.

46ᵉ Exercice.

Transcrivez les adjectifs indéfinis qui se trouvent dans cet exercice, et indiquez-en le genre et le nombre.

Trouvez au moins une raison quelconque pour expliquer cette étrange conduite.

Qu'il y ait chez vous une place pour chaque chose, et que chaque chose soit à sa place.

Si quelque personne vient en mon absence, dites que je serai bientôt de retour.

Certain renard gascon, d'autres disent normand,
    Vit au haut d'une treille
Des raisins mûrs apparemment.

Tout le plaisir s'envole, toute la joie s'efface quand la conscience n'est pas tranquille.

Nous vîmes dans le prétoire maints avocats bavards et d'autres personnes plus ou moins affairées.

Tel qui croit tromper est trompé à son tour.

Il y a là plusieurs personnes que je serais bien désireux de connaître.

A l'impossible nul n'est tenu.

Cet enfant ne nous donne aucun contentement, aucune espérance même.

Vous jouirez ici de tous les avantages, de toutes les commodités que vous auriez chez vous.

Tout autre que moi aurait aussi bien réussi.

ADJECTIFS NUMÉRAUX.

§ 102-106.

47ᵉ Exercice.

Écrivez en toutes lettres les adjectifs cardinaux et les adjectifs ordinaux qui se trouvent dans cet exercice.

Alger est située au nord de l'Afrique, à 800 kilomètres de Marseille, à 36 degrés, 48 minutes, 30 secondes de latitude Nord, à 41 minutes, 20 secondes de longitude Est. La ville s'élève en amphithéâtre, au bord de la mer, sur le penchant Nord d'une colline de 118 mètres de hauteur.

Alger possède 1 tribunal de première instance, plusieurs églises catholiques, 1 mosquée principale, 3 mosquées de 2ᵉ classe, 4 de 4ᵉ classe, et 12 de 5ᵉ classe. La ville compte 52 402 habitants, dont la moitié à peu près d'Européens, environ un tiers d'indigènes, et le reste de population flottante.

48ᵉ Exercice.

Faites le même travail que sur l'exercice précédent.

La façade de la basilique de Saint-Pierre de Rome est entièrement bâtie en *travertin** et composée de 8 colonnes, de 4 pilastres d'ordre corinthien, de 5 portes, de 7 galeries, de 6 niches et d'un attique qui se termine par une

---

* Ou pierre de Tivoli; le travertin est un tuf blanc ou jaunâtre, recherché à cause de sa légèreté.

balustrade au-dessus de laquelle il y a 13 statues colos-
sales représentant Jésus-Christ avec les 12 apôtres.

Pour se faire une idée des proportions gigantesques de
ce temple, il suffit de savoir que la façade a 150 palmes
de largeur sur 216 de hauteur, y compris la base et le
chapiteau, et enfin que les 13 statues qui servent de com-
plément à la façade ont 13 palmes et demi de hauteur.

La sphère qui supporte la croix de la grande coupole
ne paraît pas avoir une grande dimension, et cependant
elle peut contenir 16 personnes.

Il est impossible de décrire l'effet que produit cette
façade le jour de la fête des saints apôtres Pierre et
Paul, lorsque les 3 coupoles et la colonnade sont illumi-
nées de 4400 lampions et 784 torches.

Une des 5 portes reste murée pendant 25 ans; on ne
l'ouvre qu'à l'époque du grand jubilé qui dure un an.

CHAPITRE CINQUIÈME.

DU VERBE.

§ 107-108.

49ᵉ Exercice.

Soulignez les verbes contenus dans cet exercice.

Notre distrait entre dans une église, et prenant l'aveugle, qui est collé à la porte, pour un pilier et sa tasse
pour un bénitier, il y plonge sa main, la porte à son
front. Il s'avance dans la nef : il croit voir un prie-Dieu
et se jette lourdement dessus; la machine plie, s'enfonce
et fait des efforts pour crier. Ménalque est surpris de se
voir à genoux sur les jambes d'un fort petit homme, ap-
puyé sur son dos, les deux bras passés sur ses épaules et
ses deux mains jointes et étendues qui lui prennent le nez
et lui ferment la bouche. Il se retire confus et va s'age-

nouiller ailleurs. Il tire son livre pour faire sa prière ; mais c'est une pantoufle qu'il a prise et qu'il a mise dans sa poche avant de sortir.

§ 109-111.

50ᵉ Exercice.

Transcrivez, avec leurs sujets, tous les verbes qui se trouvent dans cet exercice, en indiquant la personne et le nombre.

Sancho regardait avec admiration le corps vaste et creux de ce veau qui rôtissait, et dans le ventre duquel on avait mis une douzaine de cochons de lait ; puis ces immenses chaudières où l'on faisait des beignets. Il aborda un des cuisiniers avec des termes de courtoisie qui sentaient l'appétit, le priant de trouver bon qu'il trempât un morceau de pain dans une marmite. « Eh ! mon pauvre frère, répondit le cuisinier, nous célébrons aujourd'hui les noces du riche Gamache ; approchez hardiment, prenez-moi ce poêlon et écumez une poularde ou deux. » Le joyeux Sancho-Pança commençait donc à mordre à belles dents et sans désemparer dans ces volailles rôties, quand Don Quichotte l'appela.

VERBES AUXILIAIRES.

§ 122-137.

51ᵉ Exercice.

Transcrivez, en les rangeant sur deux colonnes, les formes qui appartiennent au verbe avoir et celles qui appartiennent au verbe être.

Je voudrais que vous eussiez pu me voir aujourd'hui dans un miroir, en l'état où j'étais ; vous m'eussiez vu dans les plus sauvages montagnes du monde. J'étais au milieu de douze ou quinze hommes, les plus effroyables qu'on ait jamais vus et dont le plus innocent en a tué quinze ou vingt autres ; ils sont noirs comme des diables et ont des cheveux qui leur viennent jusqu'à la moitié du corps; chacun d'eux a au moins trois balafres sur la figure; ils portent un grand fusil sur l'épaule, deux pistolets et deux poignards à la ceinture. Ce sont les bandits qui sont errants ou qui ont domicile sur les confins du Piémont et de Gênes. Vous auriez eu peur sans doute si vous m'aviez vu entre ces messieurs. De crainte d'être volé par ces bandits mêmes, je m'en étais fait accompagner; c'est leur propre capitaine qui m'avait fourni cette escorte; cela m'a coûté trois louis à peu près.

52ᵉ Exercice.

Transcrivez les formes verbales qui se trouvent dans cet exercice, en indiquant la personne, le nombre, le temps et le mode.

J'avais eu. — Qu'ils aient. — Que vous eussiez eu. — Ayant eu. — Ils avaient. — Que tu aies. — Aie. — Nous eûmes. — Ils ont. — Elles avaient eu. — Tu as. — Qu'elle ait. — Que tu eusses. — Nous eûmes eu. — Avoir. — Vous aurez. — Vous auriez. — J'ai eu. — Que nous eussions. — Elles avaient. — Elle aura eu. — J'aurai. — Ayant. — Eue. — J'eus eu. — Elle a. — Que vous ayez. — Nous aurons. — Il aurait. — Elles eurent. — Tu as.

53ᵉ Exercice.

Faites le même travail que sur l'exercice précédent.

Ayant été. — Tu fus. — Que j'eusse été. — Vous seriez. — Nous avions été. — Qu'elles fussent. — Nous serons. — Vous êtes. — Je suis. — Qu'il soit. — Elle aurait été. — Nous fûmes. — Été. — Tu seras. — Tu avais été. — Être. — Que nous soyons. — Elles sont. — Soyez. — Nous sommes. — Vous étiez. — Elles avaient été. — Elles seraient.

VERBES TRANSITIFS.

1. — VERBES TRANSITIFS DIRECTS.

CONJUGAISON DE LA VOIX ACTIVE.

PREMIÈRE CONJUGAISON.

§ 140.

54ᵉ Exercice.

Transcrivez les formes verbales qui se trouvent dans cet exercice, en indiquant la personne, le nombre, le temps et le mode.

Il flatta. — Nous danserons. — Ils travaillaient. — Nous éveillâmes. — Éveille. — Ayant flatté. — Nous avons joué. — Elles auraient accordé. — Accordé. — Que j'eusse accordé. — Qu'il danse. — Avoir travaillé. — Arrive. — Nous pensions. — Vous aviez exercé. — Je louerai. — Louant. — Qu'ils aient aimé. — Que tu accordes. — Qu'il exerçât.

55ᵉ Exercice.

Faites le même travail que sur l'exercice précédent.

Que nous ayons flatté. — Louons. — Qu'il adorât. — Tu louerais. — Vous blâmerez. — Elles auront soigné. — Adorons. — Vous cultiverez. — Louer. — J'aurai soigné. — Nous adorons. — Elle adore. — Nous eûmes cultivé. — Je louai. — Vous eûtes adoré. — Avoir gagné. — Tu as planté. — Ils avaient planté. — Que nous eussions gagné. — Cultivant. — Que vous plantassiez. — Plantée. — Ayant semé.

§ 140.

56ᵉ Exercice.

Transcrivez les verbes de la première conjugaison qui se trouvent dans cet exercice, en indiquant la personne, le nombre, le temps et le mode.

Il y avait un homme puissant, extrêmement riche, appelé Booz, qui était de la famille d'Élimélech. Ruth dit à

sa mère : « Si vous l'agréez, je me rendrai dans quelque
champ et je ramasserai les épis qu'auront laissés les moissonneurs, partout où je trouverai quelque père de famille
qui me témoignera de la bonté. » Noémi lui répondit :
« Allez, ma fille. » Ruth s'en alla donc, et elle ramassait
les épis derrière les moissonneurs. Or le champ où elle
était, appartenait à Booz, proche parent d'Elimélech. En
ce temps-là il arriva que Booz vint de Bethléem, et qu'il
parla ainsi à ses moissonneurs : « Le Seigneur soit avec
vous! » Puis il ajouta: « A qui est cette jeune fille? » Ils
lui répondirent : « C'est cette Moabite que Noémi a amenée
du pays de Moab. » Booz dit à Ruth : « Ecoutez, ma fille, ne
cherchez point un autre champ pour glaner, mais joignez-
vous à mes filles. Accompagnez-les partout où l'on fera la
moisson et, quand vous aurez soif, allez où sont les vaisseaux d'eau, et là vous étancherez votre soif. » Puis il dit
encore aux moissonneurs : « Quand elle voudra couper
l'orge avec vous, vous ne l'empêcherez point. » Plus tard
Booz apprit que cette excellente fille était de sa famille,
et il récompensa sa piété filiale et sa vertu en l'épousant.

DEUXIÈME CONJUGAISON.

§ 141.

57ᵉ Exercice.

Transcrivez les formes verbales qui se trouvent dans cet exercice, en
indiquant la personne, le nombre, le temps et le mode.

J'accomplissais. — Tu as trahi. — Accomplis. — Ac-
complir. — Accomplissez. — Ayant averti. — Que nous
avertissions. — Nous trahissons. — Je trahirais. —
Vous avertirez. — Il frémit. — Elles avaient accompli. —
Ils trahiront. — Nous eûmes noirci. — Vous auriez accompli. — Noircissant. — J'aurais averti. — Vous noir-
ciriez. — Ils frémissent. — Nous avons bâti. — Bâtis. —
Vous avertîtes. — J'ai noirci. — Démolie. — Elles démo-
liront. — Tu eus trahi. — Tu accomplirais.

58ᵉ Exercice.

Faites le même travail que sur l'exercice précédent.

Nous aurons averti. — Démolissant. — Vous rougissiez. — Ils accompliront. — Que tu aies bâti. — Nous aurions fini. — Ayant garni.—Je garnirai.—Nous bâtirons. — Qu'elles eussent démoli. — Avoir trahi. — Applaudir. — Applaudissez. — Nous aurons appesanti. — J'appesantirai. — Appesantissant. — Que vous appesantissiez. — Que tu aies applaudi. — Appesantissons. — Garnir. — Applaudi. — Que tu applaudisses. — Qu'ils eussent appesanti. — Que nous ayons noirci.

59ᵉ Exercice.

Transcrivez successivement les verbes de la première et de la deuxième conjugaison qui se trouvent dans cet exercice, en indiquant la personne, le nombre, le temps et le mode.

Cependant Charles XII partit une seconde fois pour conquérir la Norvége; il avait si bien pris toutes ses mesures qu'il espérait se rendre maître en six mois de ce royaume. Il aima mieux aller conquérir des rochers au milieu des neiges que de reprendre ses belles provinces d'Allemagne. C'est qu'il avait espéré que sa nouvelle alliance avec le czar l'aurait mis bientôt en état de ressaisir toutes les provinces qu'il avait perdues; bien plus il s'applaudissait d'enlever un royaume à son ennemi victorieux.

A l'embouchure du fleuve Testendall est située Frédérickschall, place importante, que les ennemis avaient garnie de leurs meilleures troupes. Charles XII en forma le siége au mois de décembre. Le soldat transi de froid pouvait à peine remuer la terre durcie sous la glace; mais les Suédois ne se rebutaient pas en voyant à leur tête un roi qui avait voulu partager leurs fatigues; jamais Charles n'en avait essuyé de plus grandes; sa constitution, que dix-huit ans de travaux pénibles avaient endurcie, s'était fortifiée au point qu'il dormait en plein champ, au cœur de l'hiver, sur de la paille ou sur une planche, s'enveloppant seulement d'un manteau, et qu'il courait des jours entiers à cheval sans que sa santé en souffrît.

TROISIÈME CONJUGAISON.

§ 142.

60ᵉ Exercice.

Transcrivez les formes verbales qui se trouvent dans cet exercice, en indiquant la personne, le nombre, le temps et le mode.

Nous vîmes. — J'aurais vu. — Nous apercevrons. — Sachez. — J'avais aperçu. — Émouvoir. — Que tu aies ému. — Voyant. — Percevoir. — Vous saurez. — Su. — Que nous eussions vu. — Qu'ils aperçoivent. — Ils émeuvent. — Sachant. — Ayant vu. — Nous devions. — Tu devrais. — Il a dû. — Vous savez. — Tu avais reçu. — Elle apercevra. — Je savais. — Ils ont vu. — Qu'il eût dû. — Que tu aies vu. — Que vous aperçussiez.

61ᵉ Exercice.

Faites le même travail que sur l'exercice précédent.

Tu apercevras. — Vois. — Devant. — J'aurai ému. — Qu'ils dussent. — Tu aurais ému. — Ayant vu. — Ils aperçoivent. — Qu'il vît. — Que nous ayons dû. — Qu'ils aient aperçu. — Que nous devions. — Voyons. — Tu sais. — Que nous ayons assis. — Avoir assis. — Je devais. — Ils ont ému. — Je devrais. — Il avait promu. — Que tu aies promu. — Je dois.

§ 140-142.

62ᵉ Exercice.

Transcrivez successivement les verbes des trois premières conjugaisons qui se trouvent dans cet exercice, en indiquant la personne, le nombre, le temps et le mode.

Zambeccari et ses deux compagnons virent enfin leur ballon crever et descendre avec une force irrésistible;

comme la pluie les avait trempés jusqu'aux os au moment
où ils avaient passé dans un nuage, le froid ne tarda pas
à les couvrir d'une couche de glace; certains qu'ils ne
pourraient plus gouverner leur machine, ils durent cesser
des efforts qui les auraient épuisés sans résultat. Ils se
trouvaient alors vers le milieu de la mer Adriatique; la
nacelle était à demi enfoncée dans l'eau et ils avaient
la moitié du corps submergé. Il fut très-heureux pour
eux que le ballon à demi dégonflé les empêchât par cela
même de sombrer et que la toile où s'engouffrait le vent
fît l'office d'une véritable voile et les tînt à la surface.

Le jour enfin parut; ils se trouvèrent vis-à-vis de Pez-
zaro, ils étaient sur le point d'y aborder, quand un vio-
lent vent de terre les rejeta en pleine mer. Quelques
bâtiments se montraient par intervalles; mais du plus
loin que les hommes apercevaient cette machine flottante,
croyant voir quelque monstre marin, ils se hâtaient de
s'éloigner. Enfin un navire passa et entendit les cris de
désespoir des malheureux. Une chaloupe que l'on en dé-
tacha aussitôt alla recueillir nos hardis aéronautes, qui
devaient périr sans cette heureuse rencontre.

QUATRIÈME CONJUGAISON.

§ 143.

63ᵉ Exercice.

Transcrivez les formes verbales qui se trouvent dans cet exercice, en
indiquant la personne, le nombre, le temps et le mode.

Il prenait. — Abattre. — J'ai cru. — Prends. — Que
nous abattions. — Ayant pris. — Nous connaissons. —
Nous apprîmes. — Avoir pris. — Ils auraient suivi. — Nous
aurions connu. — Je suivrai. — Abattez. — Nous eûmes
pris. — Nous aurions rendu. — Ils comprendraient. — Que
j'aie abattu. — Qu'ils apprennent. — Faisant. — Que je
fasse. — Que vous fissiez. — J'avais appris. — Il disait.
— Avoir dit. — Suivant.

64ᵉ Exercice.

Faites le même travail que sur l'exercice précédent.

Je lus. — Que nous lussions. — Qu'il dise. — Écris. — Je dirais. — Elle aura lu. — Que nous eussions appris. — Il lit. — Que vous écrivissiez. — Avoir tendu. — Elle a perdu. — Je perds. — Nous avions pendu. — Pendez. — Qu'elle ait lu. — Ils écrivaient. — Que j'entendisse. — Entendant. — J'avais entendu. — Ils tendront. — Vous aurez fait. — J'ai écrit. — Ils auraient pendu. — Nous suivîmes. — Tu aurais fait. — Avoir fait.

§ 140-143.

65ᵉ Exercice.

Transcrivez les verbes des quatre conjugaisons qui se trouvent dans cet exercice, en indiquant la personne, le nombre, le temps et le mode.

Inventaire des poches de Gulliver, fait par les commissaires lilliputiens.

« Premièrement, dans la poche droite de l'habit, après une visite exacte, nous n'avons trouvé qu'un morceau de toile grossière assez grand pour servir de tapis de pied pour la grande chambre de parade de Votre Majesté, (c'était mon mouchoir). Dans la poche gauche, nous avons trouvé un grand coffre d'argent (ma tabatière), avec un couvercle que nous, commissaires, n'avons pu lever ; nous avons prié *le grand homme Montagne* (c'était moi) de l'ouvrir, et l'un de nous ayant pénétré dedans, a eu de la poussière jusqu'aux genoux dont il a éternué pendant deux heures et dix-sept minutes. Dans la poche droite de sa veste, nous avons trouvé un paquet prodigieux d'une substance blanche et mince plié en rouleau, environ de la grosseur de trois Lilliputiens, et attaché d'un fort câble (un rouleau de papier).

« Dans la poche gauche, il y avait une grande machine

plate armée de dents très-longues; ces dents ressemblent aux palissades qui défendent l'entrée du parc de Votre Majesté (c'était mon peigne). Nous avons vu ensuite dans son gousset une machine très-merveilleuse, paraissant être un globe dont la moitié était d'argent et l'autre d'une substance lumineuse; nous avons appliqué nos oreilles à cette machine, elle faisait un bruit à peu près semblable à celui d'un moulin à eau. Nous avons conclu que c'était quelque animal (c'était ma montre). »

66ᵉ Exercice.

Faites le même travail que sur l'exercice précédent.

Charles de Guise, détenu au château de Blois en 1591, effectua son évasion de cette manière. Il se mit un jour à jouer avec le chef des exempts qui l'accompagnait partout, et lui proposa de remonter à cloche-pied le long escalier de son donjon. Ils partent donc l'un et l'autre et se mettent à jouer à qui arrivera le premier. Le duc de Guise prit d'abord assez d'avance, puis, jugeant qu'on ne le verrait pas, il se prit à courir, et fit si bien, grimpa si lestement, en fermant toutes les portes derrière lui, que le malheureux exempt, qui finit par deviner la ruse, eut beau s'élancer, pousser, enfoncer les portes, quand il arriva au haut du donjon, il ne trouva plus de prisonnier; mais bien une échelle accrochée à une fenêtre qui donnait sur la campagne et au moyen de laquelle le duc avait gagné la plaine.

§ 144-145.

67ᵉ Exercice.

Donnez les temps primitifs de tous les verbes contenus dans cet exercice, en vous aidant au besoin du tableau des verbes irréguliers (pages 56 et 57 de la Grammaire).

La Bible surpasse en naïveté, en vivacité, en grandeur, tous les écrivains de Rome et de la Grèce. Jamais Homère n'a même approché de la sublimité de Moïse; dans ses cantiques, particulièrement le dernier qui commence ainsi : *Le Dieu des Dieux, le Seigneur a parlé et il a appelé la terre,* il confond toute imagination humaine. Quel autre poëte a pu égaler Isaïe peignant la majesté de Dieu aux yeux duquel les royaumes ne sont qu'un grain de poussière; l'univers qu'une tente qu'on dresse aujourd'hui et qu'on lève demain ? » Tantôt ce prophète a toute la doucèur et toute la tendresse d'une églogue dans les riantes peintures qu'il fait de la paix, tantôt il s'élève jusqu'à laisser tout au-dessous de lui.

Lisez encore Daniel dénonçant à Balthazar la vengeance de Dieu toute prête à fondre sur lui, et cherchez dans les plus sublimes poëmes de l'antiquité quelque chose qu'on puisse lui comparer. Au reste, tout se soutient dans l'Écriture, tout y garde le caractère de grâce, de justesse, de naïveté simple et douce et de divine grandeur.

§ 146.

68ᵉ Exercice.

Du présent de l'infinitif formez le futur simple et le présent du conditionnel des verbes suivants :

Manger. — Envahir. — Renverser. — Défendre. — Tomber.—Haïr.—Apercevoir.—Descendre.—Pousser. — Blanchir. — Percevoir. — Condescendre. — Donner. — Enrichir. —Concevoir. — Redescendre. — Porter. — Fléchir. — Devoir. — Répandre.

§ 147.

69ᵉ Exercice.

Du présent de l'indicatif formez l'impératif des verbes suivants :

Je ronge. — Je fléchis. — Je vois. — Je fends. — J'attache. — Je franchis. — Je pourvois. — Je pourfends.

§ 148.

70ᵉ Exercice.

Du prétérit formez l'imparfait du subjonctif.

Je jugeai. — J'alourdis. — Je dus. — Je fendis. — Je condamnai. — J'affadis. — Je plus. — Je pendis. — Je déjeunai. — J'assourdis. — Je pus. — Je surpris. — Je je croquai. — J'amoindris. — Je sus. — Je pris.

§ 149.

71ᵉ Exercice.

Du participe présent formez l'imparfait de l'indicatif.

Grimaçant. — Dégourdissant. — Recevant. — Comprenant. — Hurlant. — Enlaidissant. — Apercevant. — Surprenant. — Arrachant. — Étourdissant. — Concevant. — Rendant.

Formez de même le présent du subjonctif.

Arrêtant. — Grandissant. — Percevant. — Tendant. — Pleurant. — Roidissant. — Devant. — Attendant. — Ratissant. — Verdissant. — Redevant. — Détendant.

§ 150.

72ᵉ Exercice.

Du participe passé formez tous les temps accomplis, dans les verbes suivants :

Labouré. — Obéi. — Vu. — Entendu. — Pensé. — Agi. — Pu. — Prétendu. — Râpé. — Élargi. — Pourvu. — Revendu. — Rangé. — Mugi. — Su. — Étendu. —

§ 146-150.

73ᵉ Exercice.

Mettez aux temps indiqués chacun des verbes contenus dans cet exercice.

Le samedi soir, le duc de Bourgogne (*tenter* — prétérit) un dernier assaut contre Nancy; mais les habitants le

(*repousser* — prétérit), animés qu'ils (*être* — imparfait)
par l'espoir, et heureux de (*voir* — présent de l'infinitif)
déjà sur les tours de Saint-Nicolas les joyeux signaux de la
délivrance. Le lendemain, par une grosse neige, le duc
(*quitter* — présent de l'indicatif) son camp en silence et
(*aller* — présent de l'indicatif) au-devant des troupes qui
(*venir* — imparfait de l'indicatif) au secours des assiégés,
(*compter* — participe présent) leur (*fermer* — présent de
l'infinitif) la route avec son artillerie. Il n' (*avoir* — imparfait de l'indicatif) pas lui-même beaucoup d'espérance ; comme il (*mettre* — imparfait de l'indicatif) son
casque, le cimier tomba de lui-même. « Ceci est, (*dire* —
prétérit) il, un avertissement de Dieu, » et il (*monter* —
prétérit) sur son grand cheval noir.

Les Bourguignons (*trouver* — prétérit) d'abord un ruisseau (*grossir* — participe passé) par les neiges fondantes ;
il (*falloir* — prétérit) le (*traverser* — présent de l'infinitif) ; puis on se (*mettre* — prétérit) en embuscade,
pour (*attendre* — présent de l'infinitif) les Suisses.

Ces masses de Suisses (*être* — imparfait de l'indicatif)
tellement nombreuses et épaisses que, tout en (*faire* — participe présent) front aux Bourguignons et les (*occuper* —
participe présent) tout entiers, il leur (*être* — prétérit)
facile de s' (*emparer* — présent de l'infinitif) des hauteurs
qui les (*dominer* — imparfait de l'indicatif).

Se voyant (*prendre* — participe passé) en flanc, les
fantassins (*lâcher* — prétérit) pied. La cavalerie ne (*pouvoir* — imparfait de l'indicatif) seule (*résister* — présent
de l'infinitif) à cette masse de vingt mille hommes. Aussi
la déroute (*être* — prétérit) bientôt complète. Les fuyards
furent (*entraîner* — participe passé) par la pente même
du terrain au confluent de deux ruisseaux, près d'un
étang (*geler* — participe passé). La glace ne (*pouvoir* —
prétérit) porter tant de gens de pied et de cavaliers. Elle
se (*rompre* — prétérit) de tous côtés, et c'est là que (*venir* — prétérit) s' (*engloutir* — présent de l'infinitif) la fortune jusqu'alors si brillante de la maison de Bourgogne.

Ce (*être* — prétérit) dans cet étang que Charles le Téméraire (*périr* — prétérit). On l'y (*trouver* — prétérit) sous la glace, horriblement (*mutiler* — participe passé).

CONJUGAISON DE LA VOIX PASSIVE.

§ 151.

74ᶜ Exercice.

Transcrivez les formes verbales qui se trouvent dans cet exercice, en indiquant la personne, le genre, le nombre, le temps et le mode.

Il avait été entendu. — Nous fûmes loués. — Elle aura été obscurcie. — Sois obéie. — Que j'eusse été approuvée. — Ayant été vendu. — Que tu sois trahi. — Qu'ils aient été relâchés. — Avoir été adulé. — Je suis servi. — Soyons écoutés. — Que vous soyez laissés. — Tu es lu. — Qu'elles aient été écrites. — Étant informé. — Il est terminé. — Nous serons honorés. — Elles auraient été averties. — Nous avions été engagés. — Avoir été vaincu. — Être loué.

75ᵉ Exercice.

Faites le même travail que sur l'exercice précédent.

Que j'eusse été comprise. — Vous serez employées. — Il a été observé. — Nous serons choisis. — Tu fus critiqué. — Nous eûmes été étonnés. — Ils avaient été faits. — Avoir été reçu. — Vous fûtes vus. — Il aura été surpris. — Elle a été dévorée. — Ils étaient reçus. — Ils ont été délaissés. — J'aurais été crue. — Vous aurez été surprises. — Je suis tourmenté. — Ils eurent été blâmés. — Nous avons été débarqués. — Tu étais tourmenté. — Je serai lu. — Vous aurez été aperçues. — Qu'elles soient vendues. — Que nous fussions écoutés. — Qu'elles eussent été écrites. — Qu'ils fussent employés. — Sois entendu. — Que tu eusses été loué.

76ᵉ Exercice.

Transcrivez successivement, selon la voix à laquelle ils appartiennent, les verbes qui se trouvent dans cet exercice, et indiquez-en la personne, le nombre, le temps et le mode.

Mazeppa continua: « Les chevaux viennent vers nous avec fierté; mais par quelles mains sont tenues les rênes? Voilà mille chevaux, et pas un seul cavalier. Le vent agite leur queue, et leur superbe crinière n'a jamais été touchée par personne; jamais leurs larges naseaux n'ont senti la bride, leur bouche n'est pas ensanglantée par le mors, leurs pieds ne connaissent point les fers, jamais leurs flancs n'ont été insultés par le fouet ni l'éperon. Ce sont des chevaux libres et sauvages comme les flots de l'Océan.

« Le coursier qui me portait tomba enfin épuisé de chaleur et de fatigue, et je sentis que j'étais libre, mais seul au milieu des steppes. »

77ᵉ Exercice.

Faites le même travail que sur l'exercice précédent.

Je vous dirai, mon fils, avec la sincérité avec laquelle je suis obligé de vous parler, que j'ai un extrême chagrin que vous fassiez tant de cas de toutes ces lectures frivoles qui ne doivent servir tout au plus qu'à vous délasser quelquefois, mais qui ne devraient point vous tenir autant à cœur qu'elles le font. Vous êtes engagé dans des études très-sérieuses, et pendant que nous payons des maîtres pour vous instruire vous devez éviter tout ce qui peut dissiper votre esprit et vous détourner de votre étude; non-seulement votre conscience et la religion vous y obligent, mais vous devriez avoir assez de considération pour moi, pour vous conformer un peu à mes sentiments.

Je ne dis pas que vous ne lisiez quelquefois des choses dont votre esprit soit diverti, et vous voyez que par mes soins il vous a été mis entre les mains assez de livres pour vous amuser. Croyez-moi, mon cher fils, quand vous saurez parler de romans, vous n'en serez guère plus avancé pour le monde, et ce ne sera point par ces endroits-là que vous serez le plus estimé.

Ne regardez pas ce qui vous est dit là comme une réprimande, mais comme les avis d'un père qui vous aime tendrement et qui ne songe qu'à vous donner des marques de son amitié.

§ 151.

78ᵉ Exercice.

Mettez au temps correspondant du passif les formes suivantes :

Ayant donné. — Avoir reçu. — Que vous eussiez blâmé. —Qu'il ait protégé. — Que j'acceptasse. —Que nous réunissions (présent). — Tu auras croqué. —Il punira. — Vous aviez pris. — J'eus remarqué. — Ils ont battu.— Nous reçûmes. — Tu vendais. — Je pousse.

79ᵉ Exercice.

Remplacez les verbes actifs par des verbes passifs dans les phrases suivantes :

Les chasseurs n'ont pas remarqué les traces du lion.

Le jardinier a soigné très-attentivement ces rosiers.

Les vents contraires retinrent longtemps la flotte des Grecs.

Des calamités sans nombre désolèrent la France à la fin du seizième siècle.

On accorda des lettres de noblesse à Jeanne d'Arc et à sa famille.

Cette héroïne sauva la France.

Tous les siècles honoreront la mémoire de saint Louis.

On découvrit le nouveau monde à la fin du quinzième siècle.

De grands écrivains ont raconté les hauts faits des Grecs et des Romains.

Un fanatique, nommé Ravaillac, assassina Henri IV.

80ᵉ Exercice.

Remplacez les verbes passifs par des verbes actifs dans les phrases suivantes :

Si vous vous enduisez de miel, vous serez piqué par les frelons.

Si une vache t'est offerte, cours vite chercher la corde.

Un loup n'est jamais mangé par un autre loup.

Un chêne n'est point abattu d'un seul coup.

Le renard est bien fin ; mais celui par qui il est pris est encore plus fin.

La vertu n'est pas ôtée par la pauvreté, de même qu'elle n'est pas donnée par les richesses.

Quand notre colère a été domptée par nous, notre plus grand ennemi a été vaincu.

Que vos amis soient loués par vous en public; qu'ils soient réprimandés par vous en secret.

Bien des amitiés sont détruites par le silence.

Le printemps n'est pas fait par une hirondelle.

Souvent des choses fort utiles sont dites par un sot.

Les hommes sont changés par les honneurs.

Tout un troupeau est gâté par une brebis galeuse.

La colère est calmée par une douce parole.

CONJUGAISON DE LA VOIX RÉFLÉCHIE.

§ 154-155.

81ᵉ Exercice.

Transcrivez les formes verbales qui se trouvent dans cet exercice en indiquant la personne, le genre, le nombre, le temps et le mode.

Nous nous retirons. — Nous nous sommes entendues. — Vous vous flattez. — Elles se seront égarées. — Je me suis aperçu. — Vous vous êtes séparés. — Asseyez-vous. — Qu'ils se trompassent. — Qu'ils se fussent découverts. — S'étant égaré. — Se voyant. — Tu te rendras. — Vous vous trahiriez. — S'étant dévoilée. — Ils se manifestaient.

— Manifesté. — Qu'ils s'abandonnent. — Que nous nous soyons livrées. — Que je me privasse. — Ils se comprirent. — Il s'écoute. — Nous nous étions inquiétés. — Vous vous fûtes corrompues. — Je me garantirais.

82ᵉ Exercice.

Faites le même travail que sur l'exercice précédent, et de plus indiquez par les lettres *v. p.* (verbes pronominaux) ceux dont la forme active est inusitée.

Tu te méprenais. — Nous nous sommes évadés. — Que je me fusse contentée. — Je me hais. — Ils se seraient empressés. — S'être négligé. — Il s'étudiait. — S'ouvrir. — Je m'étais avancée. — Nous nous écriâmes. — Repentez-vous. — Elles se dégoûtèrent. — Nous nous soucions. — Ils s'enflamment. — Désistons-nous. — Se désister. — Elle s'écoule. — Que nous nous soyons évanouis. — Vous vous troublez. — Qu'il s'envolât. — Nous nous fûmes enfuis. — Qu'elle se fût écroulée. — S'étant dissipé. — Que tu te fusses déchaînée. — Nous nous enquîmes. — S'étant souvenu.

§ 154-156.

83ᵉ Exercice.

Mettez à la voix réfléchie les verbes suivants :

Nous poussons. — Il livrait. — Vous haïssez. — Il aperçoit. — Je défends. — Ils conduiront. — Tu enrichis. — Vous élevâtes. — Nous rafraîchirons. — Ils répandirent. — Il découvrit. — Juger. — Il alourdissait. — Nous aurions vu. — Je comprends. — Ils corrompront. — Allongeant. — Qu'il ait attendri. — Nous entrevîmes. — Rends. — Lire. — Taisons. — Réjouissez. — Arrange. — Il a compris.

84ᵉ Exercice.

Faites le même travail que sur l'exercice précédent.

(*Hâter*, impératif) lentement.

Il ne faut pas (*mêler*) des affaires d'autrui.

Il convient mieux à une femme de (*parer*) de sa vertu, que de (*vêtir*) d'un manteau de pourpre.

Ne (*fier*—impératif) pas aux apparences.

(*Souvenir* — impératif) de conserver dans le malheur un mâle courage et ne (*enivrer* — impératif) jamais d'un fol orgueil quand vous (*enrichir* — futur antérieur).

On loue la probité.... et on la laisse (*morfondre*).

Quand on (*porter* — présent de l'indicatif) bien, on donne facilement des conseils aux malades.

Il faut (*réjouir*) avec modération et (*plaindre*) avec mesure; car le chagrin et la joie (*entremêler* — présent de l'indicatif) de tout temps dans nos jours.

L'homme (*tourmenter* — présent de l'indicatif) vainement et (*consumer* — présent de l'indicatif) en soucis inutiles, parce qu'il ne sait pas (*contenter*) de peu.

Un arc toujours tendu (*rompre* — présent de l'indicatif); un esprit toujours relâché (présent de l'indicatif — *énerver*).

§ 155.

85ᵉ Exercice.

Mettez au parfait les verbes réfléchis contenus dans cet exercice, et faites accorder les participes.

Vos maîtres se plaignent de votre inattention.

Nous ne nous payons pas de vos mauvaises raisons.

Ses succès se soutiennent pendant toute l'année.

Elle s'émeut fort mal à propos.

Cette jeune fille se distrait en lisant de jolis contes.

. Vous vous conduisez, ma chère enfant, admirablement bien.

Ils se tirent difficilement de leurs embarras.

Nos relations amicales se continuent toujours, à mon grand plaisir.

Cette planche se fend de plus en plus par suite de l'excessive sécheresse.

§ 157.

86ᵉ Exercice.

Soulignez d'un trait simple les verbes réfléchis et d'un double trait les verbes réciproques contenus dans cet exercice.

Ces deux voisins se nuisent par leurs propos indiscrets.

S'ils agissent ainsi, ils ne se repentiront pas de ce qu'ils auront fait.

Quand les chevaux se battent, c'est qu'il n'y a plus de foin au râtelier.

Nous nous estimons tous les jours davantage.

Après s'être vivement injuriés, ils ont été sur le point de se battre.

Ils ne s'étaient pas trompés dans leurs calculs.

A force de se disputer, ils finiront par ne plus s'entendre du tout.

Nous nous sommes fourvoyés dans une mauvaise affaire.

Ils se fâchent, ils s'irritent pour des riens.

Nous nous sommes bien amusés à ce bal.

Nous nous sommes brouillés et raccommodés dix fois en un jour.

Les personnes sages se contentent de peu.

II. — VERBES TRANSITIFS INDIRECTS.

CONJUGAISON DE LA VOIX RÉFLÉCHIE.

§ 160.

87ᵉ Exercice.

Mettez au parfait les verbes réfléchis indirects contenus dans cet exercice.

Ces dames se plaisent beaucoup à la campagne.

Nous ne nous déplaisons pas dans cette habitation.

Elle se promet de recommencer le voyage qu'elle vient de faire.

Vous vous nuisez, mes enfants, par tant de précipitation.

Nous nous reprochons de n'avoir pas été vous voir.

Vous vous persuadez à tort qu'on est injuste à votre égard.

Elle se donne à elle-même un éclatant démenti.

VERBES INTRANSITIFS.

§ 161-164.

88ᵉ Exercice.

Soulignez les verbes intransitifs contenus dans cet exercice.

Mais après ce triomphe quelle nuit vient succéder au jour! Le vaisseau victorieux ne peut plus voguer; ses voiles, son gouvernail sont impuissants et deviennent inutiles et gênants. Le voilà battu par les vents, percé de coups de canon; dans ses flancs entr'ouverts, on entend bruire l'eau qui s'y précipite avec force. Et comment sortir de ce cruel embarras? l'équipage n'est plus composé que de blessés et de mourants. Le sang jaillit de toutes parts sur le pont; ceux qui n'ont pas péri sous le feu de l'ennemi, sont près de mourir dans les affreux tourments que leur causent tant d'horribles blessures. Tous ces hommes sans force et sans énergie voient avec effroi le sort qui les attend : ils comprennent qu'il faut périr dans ces flots mugissants qui viennent déjà les soulever, les entraîner, et leur présenter une mort affreuse.

Quel spectacle pour leur chef! Tout ce que peuvent l'activité de la pitié et le sang-froid de la prudence est mis en usage, et ce jeune vainqueur parvient enfin à triompher des éléments comme de ses ennemis.

§ 138-164.

89ᵉ Exercice.

Transcrivez tous les verbes qui se trouvent dans cet exercice, et indiquez s'ils sont transitifs directs, transitifs indirects ou intransitifs.

Après avoir longtemps vogué sur la mer Pacifique, nous aperçûmes de loin une île de sucre, avec des moutagnes de compote, des rochers de sucre candi et de caramel, et des rivières de sirop qui coulaient dans la campagne. Les habitants suçaient leurs doigts, après les avoir trempés dans les fleuves. On découvrait aussi des forêts de réglisse et de grands arbres d'où tombaient des gaufres que le vent emportait dans la bouche des voyageurs, si peu qu'elle fût ouverte. On nous affirma qu'il y avait à dix lieues de là une autre île où il y avait des mines de jambons, de saucissons et de ragoûts poivrés; on les creusait comme on creuse les mines d'or dans le Pérou. Les murailles des maisons sont de croûte de pâté. Il pleut du vin quand le temps est couvert. Il y avait sur notre vaisseau douze hommes endormis qui ronflaient si fort qu'ils remplissaient nos voiles d'un vent favorable. Aucun plaisir enfin ne nous manqua pendant notre séjour dans l'île des plaisirs.

VERBES UNIPERSONNELS.

§ 165-168.

90ᵉ Exercice.

Distinguez les verbes unipersonnels et les verbes employés unipersonnellement qui sont contenus dans cet exercice.

Il paraît qu'on n'a pu rien trouver.

Il a plu toute la matinée et il a neigé dans la nuit.

Il a fait plus froid cette semaine que toute la quinzaine précédente.

Se peut-il que vous n'ayez pas pensé à une chose d'une telle importance?

Il faut bien céder quelque chose à un enfant quand il s'y prend si poliment pour le demander.

Il vente, il tonne, il fait un temps affreux depuis huit jours.

Il me semble qu'il y a bien loin d'ici en Sibérie.

VERBES IRRÉGULIERS ET DÉFECTIFS.

§ 169-179.

91ᵉ Exercice.

Donnez les temps primitifs des verbes irréguliers et défectifs qui se trouvent dans cet exercice.

Que de fleurs écloses le matin sont mortes le soir !

Il faut autant de discrétion pour donner un bon conseil que pour le suivre.

Rien de plus essentiel que d'acquérir un vrai discernement.

Il faut avoir bien de la vanité pour ne pas connaître sa faiblesse.

La vraie raison consiste à vouloir toujours ce que veulent la raison et la justice.

Le vrai chrétien sait se faire des avantages de toutes choses ; les maux qui lui viennent sont des biens que Dieu lui envoie ; les biens qui lui manquent sont des maux dont la Providence l'a garanti.

Il vaut mieux s'exposer à l'ingratitude que de ne pas secourir les misérables.

La modestie sied au mérite.

Les sots sont toujours prêts à se fâcher et à croire qu'on se moque d'eux.

92ᵉ Exercice.

Faites le même travail que sur l'exercice précédent.

Le méchant a beau fuir la peine de son crime, il la porte avec lui.

Il y va de votre réputation.

A Rome les parricides étaient cousus dans un sac avec des animaux malfaisants, et jetés dans le Tibre.

C'est un supplice continuel de vivre sans règle et au hasard.

Ci-gît Scipion mort loin de son ingrate patrie.

On est né pour de grandes choses quand on a la force de se vaincre soi-même.

La véritable grandeur consiste à servir le maître des maîtres et à mettre en lui sa confiance.

L'homme se repaît souvent de vaines espérances.

C'est jouir du bonheur que de voir avec satisfaction le bonheur d'autrui.

Denys le Jeune déchu du trône ouvrit à Corinthe une école pour les enfants.

93ᵉ Exercice.

Faites le même travail que sur l'exercice précédent.

On ne se résout pas facilement à perdre l'estime d'autrui.

Socrate disait qu'il ne savait qu'une chose, c'est qu'il ne savait rien.

Il n'y a rien de si bon en soi que les hommes ne puissent tourner à de mauvais usages.

Ce peuple fait des casques et des boucliers de cuir bouilli.

Ce blé est très-difficile à moudre.

Homère, le plus grand poëte de la Grèce, florissait mille ans avant Jésus-Christ.

Il faut de plus grandes vertus pour soutenir la bonne fortune que la mauvaise.

César, impatient de n'être pas rejoint par ses troupes, passa la mer pour les ramener avec lui.

Les ennemis avaient rompu tous les ponts, coupé toutes les routes.

CHAPITRE SIXIÈME.

DE L'ADVERBE.

§ 180.

94ᵉ Exercice.

Soulignez les adverbes contenus dans cet exercice.

Au signal souvent répété de la trompette, les coursiers trépignent impatiemment et parfois renversent leurs cavaliers ; cependant l'ordre se rétablit peu à peu, les coureurs s'alignent tant bien que mal, et le président des courses, sur qui les yeux sont fixement attachés, donne enfin le coup de cloche convenu. La foule des spectateurs s'étend, comme toujours, dans la plaine immense, et des cris tumultueusement poussés de près, de loin, en dedans et en dehors de l'enceinte, animent les chevaux, qui s'élancent ardemment dans la lice. Les pointes des herbes plient à peine sous les bonds légers des coursiers qui dévorent l'espace. Tantôt l'espoir fait battre délicieusement le cœur du jouteur, tantôt l'angoisse le resserre péniblement.

Enfin l'heureux vainqueur arrive au but ; on l'applaudit et on le porte triomphalement aux tribunes pour recevoir le prix qu'il a si bien gagné.

§ 181.

95ᵉ Exercice.

Transcrivez les adverbes qui se trouvent dans cet exercice, en indiquant par les dénominations *manière*, *qualité*, *quantité*, *temps*, *lieu*, *pronominaux*, *numéraux*, *d'affirmation*, *de négation* et *conjonctifs*, à quelle classe ils appartiennent.

Il joue et il n'a pas fini son devoir.

Premièrement vous avez fait le mal, et deuxièmement vous n'avez pas empêché de le faire.

Cherchez partout, là, ici, où vous pourrez en un mot.

Un enfant à qui l'on demandait s'il avait assez de bonbons, répondit : « Non, donnez-m'en trop. »

« Suis-je assez grosse comme cela ? dit la grenouille. — Nenni, répondirent ses compagnes. — Et comme cela ? — Nullement, ajoutèrent-elles. — Certes, j'y suis maintenant. — Assurément, non, vous n'en approchez pas. »

Comment ! vous ne viendrez pas nous voir ! Et quand donc viendrez-vous ?

Il babille sans cesse ; aussi est-il souvent puni et continuellement réprimandé.

Conduisez-vous régulièrement, gentiment, et vous serez récompensé convenablement.

§ 183-185.

96ᵉ Exercice.

Mettez à toutes les formes du comparatif et du superlatif les adverbes qui suivent :

Gracieusement. — Peu. — Équitablement. — Éloquemment. — Judicieusement. — Innocemment. — Mal. — Faiblement. — Horriblement. — Brièvement. — Audacieusement. — Timidement. — Bien. — Savamment. — Loyalement. — Soigneusement. — Indifféremment. — Faussement. — Discrètement.

97ᵉ Exercice.

Transcrivez les adverbes susceptibles de degrés de comparaison qui sont contenus dans cet exercice, en indiquant quel est leur degré de signification.

Il a mal débuté dans cette nouvelle carrière ; maintenant il va mieux ; plus tard, nous l'espérons, il ira très-bien.

La jeune malade priait sa mère de lui donner à boire aussi peu qu'elle voudrait ; mais comme cette enfant allait moins bien que la veille, on fut obligé de refuser.

Je ferai cela le moins mal possible, car j'ai très-peu de temps pour le faire aussi bien que je le voudrais.

Vous allez très-loin dans vos discussions.

Vous n'agissez pas aussi prudemment que votre frère; aussi serez-vous très-certainement réprimandé par votre père, qui est très-bon, sans doute, mais peu patient.

Je sais que vous écrivez moins mal depuis quelque temps; mais vous travaillez aussi négligemment que par le passé.

CHAPITRE SEPTIÈME.

DE LA PRÉPOSITION.

§ 186-189.

98ᵉ Exercice.

Soulignez les prépositions qui se trouvent dans l'exercice suivant.

Les deux armées furent bientôt en présence près de la ville de Mantinée. Celle des Lacédémoniens et de leurs alliés était de plus de vingt mille hommes de pied, et de près de deux mille chevaux; celle de la ligue thébaine de trente mille hommes d'infanterie et d'environ mille de cavalerie. Une des ailes de l'armée d'Épaminondas, formée en colonne, tomba sur la phalange lacédémonienne, qu'elle n'aurait peut-être jamais enfoncée s'il n'était venu lui-même fortifier ses troupes par sa présence et par un corps d'élite dont il était suivi. Les ennemis, effrayés à son approche, prennent la fuite: il les poursuit avec un courage dont il n'est plus le maître, et se trouve enveloppé par un corps de Spartiates qui font pleuvoir sur lui une grêle de traits. Après avoir longtemps écarté la mort et fait mordre la poussière à une foule de guerriers, il tombe percé d'un javelot dont le fer lui resta dans la poitrine. « Je laisse, dit-il en expirant, deux filles immortelles : la victoire de Leuctres et celle de Mantinée. »

§ 187.

99ᵉ Exercice.

Faites d'abord le même travail que sur l'exercice précédent, puis transcrivez les prépositions en indiquant par les numéros 1, 2, 3, 4, 5, 6 les différents rapports qu'elles expriment.

Léonidas, ayant appris de l'oracle qu'il fallait que lui ou Lacédémone pérît, n'hésita pas à se sacrifier pour sa patrie. Il exhorta ses compagnons à prendre un repas frugal, en ajoutant qu'ils souperaient ensemble chez Pluton. Ils répondirent par un cri de joie. Ému, malgré lui, sur le sort de deux Spartiates qui lui étaient unis par le sang et l'amitié, il veut les charger de quelques dépêches pour Lacédémone : « Nous ne sommes pas venus avec toi, lui dirent-ils, pour porter des ordres, mais pour combattre; » et sans attendre sa réponse, ils vont se placer dans les rangs qu'on leur avait assignés. Cependant Léonidas forme une entreprise audacieuse entre toutes ; vers le milieu de la nuit, il sort du défilé et marche droit à Xerxès, pour l'immoler ou périr au milieu de son camp. Après avoir renversé les postes avancés, il pénètre dans la tente du roi, qui avait déjà pris la fuite. Les Grecs se répandent par tout le camp et se rassasient de carnage. Les Perses surpris se défendaient mollement contre un ennemi si audacieux. Mais les premiers rayons du soleil offrant aux yeux des vaincus le petit nombre des vainqueurs, ceux-ci sont attaqués de toutes parts. Léonidas tombe percé de coups, après avoir tué de sa main un nombre considérable d'ennemis.

CHAPITRE HUITIÈME.

DE LA CONJONCTION.

§ 190-198.

100ᵉ Exercice.

Soulignez les conjonctions qui se trouvent dans l'exercice suivant.

Je m'étais chargé pendant quelques semaines d'un enfant accoutumé à faire ses volontés. Quoique la tâche fût rude, je l'entrepris afin de le corriger jusqu'à ce qu'il revînt à de meilleurs sentiments. Dès le premier jour, quoiqu'il ne me connût encore qu'à peine, il essaya de mettre ma patience à l'épreuve, parce que sans doute il me croyait aussi faible que sa mère. Vers minuit, quand il crut que je dormais profondément, il se lève et m'appelle. Quoique à moitié endormi, je vais à lui, et lui demande s'il est malade, puisqu'il est sur pied à cette heure. Il ne répond pas; car c'était tout ce que le petit mutin voulait. Après que ce manége se fut renouvelé trois fois, je pensai que mon tour devait venir aussi. Alors prenant mon petit bonhomme par la main, sans l'instruire de ce que je voulais faire, je le conduisis dans un cabinet noir et l'y laissai passer le reste de la nuit, criant, pleurant, trépignant tant qu'il voulut; puis j'allai me recoucher.

CHAPITRE NEUVIÈME.

DE L'INTERJECTION.

§ 199-203.

101ᵉ Exercice.

Soulignez les interjections qui se trouvent dans l'exercice suivant.

Un enfant gâté, à qui l'on avait toujours tout permis, était devenu si impressionnable à la plus petite contrariété, de même qu'au moindre sujet de joie, qu'il en avait continuellement les nerfs agacés. Un léger chagrin venait-il l'assaillir, c'était tout de suite des ah! ciel! hélas! miséricorde! mon Dieu, mon Dieu! qui ne finissaient pas. Était-il content, il ne se modérait pas davantage et toute la maison retentissait des exclamations de sa joie : oh! quel bonheur! bon, bon! vivat! etc. Un jour il eut cependant la raison de demander à un des amis de son père comment il se guérirait de ces folles exagérations. « Quand l'impatience ou la colère vous prend, lui dit celui-ci, ou quand une joie irréfléchie vous emporte, récitez incontinent tout l'alphabet, depuis A jusqu'à Z.» L'enfant suivit ce conseil, et aujourd'hui, dit-on, il s'en trouve fort bien.

102ᵉ Exercice.

Employez dans les phrases ci-dessous les interjections données entre parenthèses.

Vous voilà donc enfin, monsieur le coureur (*Eh!*).
Jean, dépêchez-vous d'arriver (*Allons donc!*).
Ceux qui soufflent le chaud et le froid (*Arrière!*).
Voilà encore un oiseau d'attrapé (*Bon!*).
Mon petit ami, vous viendrez à bout de tout terminer aujourd'hui (*Courage!*).
Parlez bas, votre mère dort (*Chut!*).

Il tombe et la cruche se brise en mille pièces (*Crac!*).

Quelle chance pour nos petits écoliers! un congé de plus ! (*Dieu!*)

Dérangez-vous donc (*Gare!*).

Le vilain petit menteur (*Fi!*).

Il fallut qu'il fit huit jours de prison pour cette étourderie (*Hélas!*).

Qu'avez-vous maintenant à répondre? (*Eh bien!*).

Nous l'échappons belle (*Ouf!*).

Le chat a mangé mon oiseau (*Miséricorde!*).

Dans les rangs (*Silence!*).

Que vous êtes beau et fier aujourd'hui (*Peste!*).

DEUXIÈME PARTIE.

SYNTAXE.

CHAPITRE PREMIER.

SYNTAXE D'ACCORD.

I.—ACCORD DU NOM.

§ 208.

103ᶜ Exercice.

Soulignez dans cet exercice les noms qui désignent la même personne ou le même objet.

Un jour les abeilles, race infatigable mais orgueilleuse, montèrent jusque dans l'Olympe, séjour des dieux, et vinrent au pied du trône de Jupiter, le maître du ciel et de la terre, pour le prier d'avoir égard aux soins qu'elles avaient pris de son enfance, quand elles le nourrirent de leur miel sur le mont Ida. Ce dieu voulait leur accorder les premiers honneurs entre tous les petits animaux ; mais Minerve, déesse de la sagesse, qui préside aux arts, lui représenta qu'une autre espèce d'insectes disputait aux abeilles la gloire des inventions utiles. « Ce sont les vers à soie, » dit-elle. Jupiter ordonna à Mercure, dieu du commerce et messager de l'Olympe, d'aller chercher sur les ailes du Zéphire ce petit peuple. Chacune des deux parties soutint ses droits par des ambassadeurs. Jupiter, embarrassé de la décision, déclara enfin que les abeilles tiendraient le premier rang. « Quel moyen, dit-il, de les dégrader ? je leur ai trop d'obligation ; mais je crois que les hommes, justes appréciateurs du mérite, doivent encore plus aux vers à soie. »

II. — ACCORD DE L'ARTICLE.

§ 209-210.

104ᵉ Exercice.

Ajoutez, en suivant la règle d'accord, les articles qui manquent dans cet exercice.

Alcibiade avait — origine illustre, — richesses considérables, — figure distinguée, — grâces séduisantes, — esprit facile et étendu, —honneur enfin d'appartenir à Périclès. Dans — âge où l'on n'a besoin que d'indulgence et de conseils, il eut — cour et — flatteurs. Socrate, qui prévit de bonne heure que ce jeune homme serait — citoyen dangereux pour Athènes, s'il ne mettait toute son ambition à se rendre utile à sa patrie, rechercha son amitié et entreprit de modérer cette vanité qui ne pouvait souffrir dans — monde ni de supérieur ni d'égal. Alcibiade parut à — tribune aux harangues; quoiqu'il hésitât quelquefois pour trouver — mot propre, il fut regardé comme un des plus grands orateurs d'Athènes. Dans — moment d'ivresse, le peuple proposait de rétablir — royauté en sa faveur; mais il ne voulait pas être roi d'— petit État comme Athènes, il lui fallait — vaste empire qui lui donnât — moyen d'en conquérir d'autres. — Grèce, disait-on, aurait eu trop de deux Alcibiades; ajoutons qu'Athènes en eut trop d'un.

III. — ACCORD DE L'ADJECTIF.

§ 212.

105ᵉ Exercice.

Faites accorder en genre et en nombre les adjectifs contenus dans cet exercice.

L'horizon se chargeait au loin de vapeurs *ardent* et *sombre*. Le soleil commençait à pâlir; la surface des eaux se couvrait d'une couleur *lugubre*. Déjà la voûte *céleste*, *tendu* et *fermé* de *tout* parts, n'offrait à nos yeux *attristé* qu'une teinte *ténébreux;* une atmosphère *lourd* et *chargé* s'appesantissait sur la terre *entier.* La tempête *affreux, incessant, inexorable,* ayant redoublé ses efforts, les vents allèrent bientôt porter leur irrésistible furie dans les contrées *brûlant* de l'Afrique. Le soleil alors brilla d'une clarté plus *pur* et cette mer. dont les vagues *écumant* avaient perdu pour un instant leur *actif* énergie, reprit bientôt son *premier* aspect.

§. 213.

106ᵉ Exercice.

Faites accorder les adjectifs contenus dans cet exercice
avec les noms qu'ils qualifient.

La fauvette des bois a des allures et un caractère *gai, alerte, vif.* On l'entend souvent pousser des cris et des plaintes *aigu* et *subit* qui annoncent chez elle la joie et le chagrin *ressenti* alternativement. Quand dans les *beau* jours elle voit les arbustes et les herbes *fleuri,* et qu'elle sent les *doux* émanations du printemps, alors elle commence d'*interminable* chansons et elle ravit les villageois et les villageoises *rassemblé* pour la moisson.

§ 214.

107ᵉ Exercice.

Faites le même travail que sur l'exercice précédent.

La mésange *cendré* vit *caché* dans les buissons les plus *retiré,* au centre des forêts, où elle se tient *blotti* pendant l'hiver; mais quand elle sent que la température est devenue plus *chaud,* elle va à la picorée; elle ramasse *tout* les *petit* graines qu'elle trouve *épars* sur la terre et, les prenant *gros* ou *petit* dans son bec, elle les porte dans une cachette qu'elle sait bien *secret* et bien *ignoré,* et les conserve pour les *mauvais* jours.

IV. — ACCORD DU PRONOM.

1° Accord du pronom personnel.

§ 215-218.

108ᵉ Exercice*.

Employez dans les phrases suivantes le pronom personnel à la personne qui convient. Mettez aussi le verbe à la personne voulue.

Jules et moi — (*lire* — indicatif présent) une charmante histoire.

Ton frère et toi — (*venir* — futur) demain me voir.

Les officiers et les soldats — (*se battre* — parfait de l'indicatif) avec courage.

Toi et moi — (*avoir* — présent de l'indicatif) tort tous les deux.

Mes amis et moi — (*se rencontrer* — parfait de l'indicatif).

Vos cousines et vous — (*se disputer* — imparfait de l'indicatif) à tort.

2° Accord du pronom relatif.

§ 219-220.

109ᵉ Exercice.

Transcrivez les pronoms relatifs qui se trouvent dans cet exercice, ainsi que leurs antécédents; puis indiquez-en le genre et le nombre.

Des moutons, qui étaient en sûreté dans leur parc, dormaient ainsi que les chiens, et le berger, qui était assis à l'ombre d'un grand ormeau, jouait de la flûte avec d'autres bergers voisins. Un loup que la faim pressait vint, par les fentes de l'enceinte, reconnaître quel était l'état du troupeau. Un jeune mouton, sans expérience et qui n'avait jamais rien vu, entra en conversation avec lui.

---

* Cet exercice répond également au § 229.

«Que venez-vous chercher ici? dit-il au glouton.—L'herbe tendre et fleurie, répondit le loup. Vous savez que rien n'est plus doux que de paître dans une verte prairie émaillée des fleurs que le printemps fait naître, et d'aller se désaltérer dans un clair ruisseau. J'ai trouvé ici les biens que je cherchais. Que faut-il davantage? J'aime la philosophie qui enseigne à se contenter de peu. — Est-il donc vrai, repartit le jeune mouton, que vous ne mangez point la chair des animaux et qu'un peu d'herbe vous suffit? Si cela est ainsi, faisons amitié, et vivons ensemble. » Aussitôt le mouton sort du parc pour aller dans cette prairie dont on lui a fait une si délicieuse peinture; mais le sobre philosophe dont il ne se méfie pas et par lequel il se laisse conduire, le met en pièces et le dévore.

V. — ACCORD DU VERBE.

§ 223-227.

110ᵉ Exercice.

Transcrivez les verbes contenus dans cet exercice, et indiquez le genre, le nombre, la personne du sujet de chaque verbe.

Tandis qu'auprès d'un bon feu, je questionnais le supérieur du couvent du mont Saint-Bernard, sur les suites de l'ouragan dont j'avais failli être la victime, les religieux étaient allés remplir leurs devoirs journaliers; chacun avait pris son poste dans ces montagnes de glace. Quelques-uns de ces sublimes solitaires gravissaient des pyramides de granit qui bordent le chemin pour répondre aux cris de détresse, d'autres frayaient des sentiers dans la neige, tous bravaient le froid et le danger des avalanches. Déjà depuis une heure entière cinq religieux étaient sur les traces des voyageurs, lorsque les aboiements des chiens nous annoncèrent leur retour. Compagnons courageux des courses de leurs maîtres, ces dogues intelligents vont à la recherche des malheureux. A la voix de ces fidèles auxiliaires, le voyageur transi reprend l'espérance ; il suit leurs vestiges toujours sûrs. Lorsque les éboulements de neige engloutissent un voyageur, les dogues du Saint-Bernard le découvrent sous l'abîme et y conduisent les religieux, qui retirent le corps et le rendent à la vie.

Bientôt l'hospice s'ouvrit à dix personnes qui étaient transies de froid et épuisées de lassitude. Leurs conducteurs oublièrent leurs propres fatigues, et depuis le linge blanc jusqu'aux mets les plus restaurants, tout fut prêt dans un instant et distribué sans distinction de rang, d'âge ni de fortune.

§ 228.

111ᶜ Exercice.

Mettez à la personne voulue les verbes indiqués dans les phrases suivantes.

Le chien et le chat (*être* — présent de l'indicatif) ennemis.

Le soleil et la lune (*éclairer* — présent de l'indicatif) le monde.

Jules et Léon (*tomber* — parfait de l'indicatif) dans la même faute.

Le lion et la panthère (*disparaître* — parfait de l'indicatif) de l'Europe.

La modestie et la politesse (*convenir* — présent de l'indicatif) à tous les âges.

Le mensonge et la paresse (*être* — présent de l'indicatif) deux vices odieux.

Le frère et la sœur (*réussir* — futur) dans le monde, grâce à leurs charmantes qualités.

L'enfant et sa mère (*succomber* — conditionnel antérieur), si on n'était pas venu à leur secours.

CHAPITRE DEUXIÈME.

SYNTAXE DE RÉGIME.

I. — RÉGIME DU NOM.

§' 234-236.

112ᶜ Exercice.

Soulignez les noms contenus dans cet exercice et qui ont des régimes ;
soulignez aussi ces régimes.

Le dévouement de Léonidas et de ses compagnons pro-
duisit plus d'effet que la victoire la plus brillante. Il apprit aux Grecs le secret de leur force , aux Perses, celui
de leur faiblesse. Xerxès, effrayé d'avoir une si grande
quantité d'hommes et si peu de soldats, ne le fut pas
moins d'apprendre que la Grèce renfermait dans son
sein une multitude de défenseurs aussi intrépides que
les Thespiens et une réserve de huit mille Spartiates semblables à ceux qui venaient de donner un si bel exemple
de courage et de dévouement à la patrie. L'ambition de
la gloire, l'amour de la patrie, la soumission aux lois,
toutes les vertus du soldat et du citoyen furent portées au
plus haut degré, et les âmes à une élévation jusqu'alors
inconnue; c'était le temps des grandes choses; un barbare
seul pouvait espérer de donner des fers à des peuples
animés de si nobles sentiments.

II. — RÉGIME DE L'ADJECTIF.

§ 237.

113ᵉ Exercice.

Soulignez d'un trait simple les adjectifs contenus dans cet exercice
et qui ont des régimes, et d'un double trait les régimes de ces
adjectifs.

Un homme s'est rencontré d'une profondeur d'esprit
incroyable, hypocrite raffiné autant qu'habile politique,
actif dans la paix, infatigable dans la guerre, qui ne lais-
sait rien à la fortune de ce qu'il pouvait lui ôter par conseil et par prévoyance ; mais au reste, si vigilant et si
prêt à tout, qu'il n'a jamais manqué les occasions qu'elle
lui a présentées. Dieu voulait sans doute, en se servant
de cet homme, montrer par un grand exemple de quoi
l'hérésie est capable, combien elle est naturellement in-
docile à la règle, indépendante de toute loi, combien elle
est fatale à la royauté et rebelle à toute autorité légitime.

§ 238-240.

114ᵉ Exercice.

Soulignez d'un trait simple la conjonction *que* qui suit le comparatif,
et d'un trait double la préposition *de* qui marque le régime du superlatif relatif.

Le seigneur Harpagon est, de tous les humains, l'humain le moins humain ; le mortel, de tous les mortels, le
plus dur et le plus serré.

Apprenez qu'un gentilhomme qui vit mal est un monstre dans la nature ; que je regarde bien moins au nom
qu'on porte qu'aux actions qu'on fait ; et je ferais plus de
cas du fils d'un crocheteur qui serait honnête homme,
que du fils d'un monarque qui vivrait comme vous.

Comme il ne fut jamais une vertu plus pleine et plus
naturelle que celle de Turenne, il n'y en eut jamais de
plus épurée de tout artifice.

Rien n'est moins capable de séduire les grands hommes que l'intérêt.

La plus rare de toutes les vertus est la modération dans la prospérité.

Cicéron n'était pas aussi brave et aussi intrépide que Caton.

L'Afrique est encore la moins connue de toutes les parties du monde.

Les plaisirs simples sont moins vifs et moins sensibles que les autres, mais ils sont les plus durables de tous.

III. — RÉGIME DU PRONOM.

§ 241.

115ᵉ Exercice.

Soulignez d'un trait simple les pronoms contenus dans cet exercice qui ont un régime, et d'un double trait les régimes de ces pronoms.

Une seule journée avait enlevé à Jérusalem ceux de ses chefs qui la défendaient le plus vaillamment. Il n'y avait plus pour garder le Saint-Sépulcre qu'une reine en pleurs, les enfants des combattants qui avaient péri à la bataille de Tibériade, et quelques fugitifs. Devancé par la terreur de ses victoires, Saladin se présenta bientôt sous les murs de cette capitale ; aucun des habitants n'espérait plus de salut que dans la miséricorde de Dieu et celle du vainqueur, et cependant le sultan avait juré sur le coran qu'il détruirait la ville. Mais les docteurs de la loi et tous ceux des officiers qui avaient accès dans le conseil, le détournèrent de ce projet, et Jérusalem fut épargnée, ainsi que ceux de ses habitants qui avaient demandé grâce.

IV. - RÉGIME DU VERBE.

§ 242-246.

116ᵉ Exercice.

Soulignez d'un trait simple les régimes directs, et d'un trait double les régimes indirects des verbes contenus dans cet exercice.

L'étude, dit Rollin, supplée à la stérilité de l'esprit. Elle étend ses connaissances et ses lumières par des secours étrangers, porte plus loin ses vues, multiplie ses idées, les rend plus variées, plus distinctes et plus vives. Nous naissons dans les ténèbres de l'ignorance, et la mauvaise éducation y ajoute beaucoup de faux préjugés. L'étude dissipe les premières et corrige les secondes. Elle donne à nos pensées et à nos raisonnements la justesse et l'exactitude. Elle nous accoutume à mettre l'ordre et l'arrangement dans toutes les matières dont nous avons ou à parler ou à écrire. Elle nous présente pour guides et pour modèles les hommes les plus éclairés et les plus sages de l'antiquité.

L'étude donne aussi la capacité pour les affaires et pour les emplois; de plus, elle fait acquérir l'amour du travail, elle en adoucit considérablement la fatigue.

RÉGIME DE LA VOIX ACTIVE.

1° VERBES TRANSITIFS DIRECTS.

§ 246.

117ᵉ Exercice.

Soulignez les régimes directs contenus dans cet exercice, ainsi que les verbes auxquels ils appartiennent.

GRICHARD. — Bourreau, me feras-tu toujours frapper deux heures à la porte?

L'OLIVE. — Monsieur, je travaillais au jardin; au premier coup de marteau, j'ai couru si vite que j'ai failli tomber en chemin.

GRICHARD. — Je voudrais que tu te fusses rompu le cou ; que ne laissais-tu la porte ouverte ?

L'OLIVE. — Eh ! monsieur, vous me grondâtes hier, à cause qu'elle l'était. Quand elle est ouverte, vous vous fâchez ; quand elle est fermée, vous vous fâchez aussi ; je ne sais plus comment faire.

GRICHARD. — Comment faire ? infâme !

L'OLIVE. — Oh çà ! monsieur, quand vous serez sorti, voulez-vous que je la laisse ouverte ?

GRICHARD. — Non.

L'OLIVE. — Voulez-vous que je la tienne fermée ?

GRICHARD. — Non.

L'OLIVE. — Mais pourtant, monsieur, il faut qu'une porte soit ouverte ou fermée, choisissez. Comment la voulez-vous ?

GRICHARD. — Je te l'ai dit mille fois, coquin, je la veux, je la..., mais voyez ce maraud-là ! Est-ce à un valet à venir me faire de ces questions. Si je te prends, traître, je te montrerai bien comment je la veux.

§ 247.

118ᵉ Exercice.

Soulignez les régimes indirects des verbes transitifs directs
contenus dans cet exercice.

Comme une aumône, enfant, donne donc ta prière
A ton père, à ta mère, aux pères de ton père ;
Donne au riche à qui Dieu refuse le bonheur,
Donne au pauvre, à la veuve, au crime, au vice immonde.
Fais, en priant, le tour des misères du monde.
Donne à tous, donne aux morts — enfin donne au Seigneur.

Voyez notre fermier dans sa métairie ; c'est un général dans son camp. Il distribue à chacun le rôle de la journée. Il dit à l'un : « Conduis tes bœufs au labour ; » à l'autre il ordonne d'aller commencer la fenaison ; il recommande au berger de veiller sur ses jeunes agneaux et d'apporter les plus grands soins à leur éducation pre-

mière. Ainsi cet homme pourvoit à tout, et chaque soir
quand il revient à la ferme, il songe au bien-être qu'il
procure à sa famille et à l'avenir heureux que, par son
économie et son activité, il prépare à ses enfants.

§ 248.

119ᵉ Exercice.

Soulignez les régimes directs précédés de *du, de la, des, de,*
qui se trouvent dans cet exercice.

Nous descendions en silence les rampes escarpées et
difficiles tracées dans cette montagne, quand tout à coup
nos éléphants poussèrent des cris inaccoutumés et jetè-
rent çà et là des regards effarés ; sans doute ils venaient
de sentir des émanations qui leur annonçaient l'approche
de tigres ou d'autres animaux, leurs ennemis naturels.
« Bientôt, me dit M. Smith, nous aurons sur les bras de
rudes jouteurs. » Il achevait à peine ces mots, que nous
vîmes des touffes d'herbes onduler, et bientôt deux oreilles dressées et des yeux ardents apparaître à cinquante
pas de nous. « C'est lui, s'écrièrent aussitôt nos Indiens à
qui la peur donna des ailes, c'est le mangeur d'hommes.»
En un clin d'œil toute notre escorte eut disparu. Fort
heureusement nous possédions de bonnes carabines, de
la poudre et des balles à l'avenant, et en une seule dé-
charge nous fîmes rouler le tigre expirant à nos pieds.

2° VERBES TRANSITIFS INDIRECTS.

§ 249.

120ᵉ Exercice.

Soulignez d'un trait simple les régimes des verbes transitifs indirects
contenus dans les phrases suivantes, et d'un double trait les verbes
auxquels ces régimes appartiennent.

Ne profitez pas du malheur des autres pour leur nuire ;
songez à vous-mêmes ; car il peut vous arriver autant
ou pis.

Luttez de bonne heure contre vos défauts, travaillez avec courage dès vos premières années ; c'est le moyen le plus certain de vous assurer un heureux avenir.

Avant de parler, réfléchissez à ce que vous allez dire ; on regrette souvent d'avoir parlé trop vite.

Si vous êtes injustement accusé d'une faute, ne vous affligez pas ; vos actions passées se chargeront de votre défense et parleront pour vous.

C'est une chose difficile, mais bien glorieuse, que de régner sur ses passions.

Répondez par votre pieuse tendresse aux bienfaits de vos parents et de vos maîtres ; pensez à toutes les peines qu'ils ont prises pour vous.

RÉGIME DE LA VOIX PASSIVE.

§ 250-251.

121ᵉ Exercice.

Mettez, après les verbes passifs contenus dans cet exercice, les prépositions qui doivent marquer leur régime propre.

Un philosophe dont toute la science avait été puisée dans les écrits des anciens, bien plutôt que dans les lois si simples de la nature, visita l'humble cabane d'un paysan, qu'il savait sage, heureux et considéré — tous ses voisins. Il voulait savoir — quels moyens tant d'avantages avaient été réunis. « — qui donc as-tu été instruit? lui dit-il ; est-ce — les livres de Platon, de Socrate ou des sept sages de la Grèce? — Je ne connais pas ces hommes dont vous me parlez, répondit le paysan ; le secret d'être heureux ne m'a été révélé — personne. Si je suis aimé — mes voisins, si je suis satisfait — peu, si je suis heureux en un mot, les leçons et les exemples que j'ai sous les yeux ont été ma seule règle de conduite. Les grains amassés pendant l'été — la fourmi, m'ont appris l'économie ; la tendresse et la fidélité qui me sont témoignées — mon chien m'ont enseigné à exercer ces mêmes vertus

envers mes amis ; les petits poussins si bien soignés —
leur mère, les tourtereaux si tendrement aimés — leurs
compagnes, tant d'exemples donnés — la nature tout
entière, ne me disent-ils pas que mes enfants, mes amis,
mes voisins doivent être traités avec le même soin, même
fidélité, le même amour ? Voilà donc toute ma science.
Aimer les autres pour être aimé — eux, c'est là le secret
d'être heureux. »

§ 252.

122ᵉ Exercice.

Soulignez d'un trait simple le régime propre des verbes passifs contenus dans cet exercice, et d'un double trait le régime de ces
verbes qui répond au régime indirect des verbes transitifs.

Le cardinal Ximénès, sous les murs d'Oran,
aux troupes espagnoles.

Si de braves gens comme vous avaient besoin d'être
animés par des discours et par des personnes de profes-
sion militaire, je n'entreprendrais pas de vous parler,
moi qui n'ai point été formé à l'éloquence, ni élevé au
métier des armes. Je laisserais ce soin à quelqu'un de
ces vaillants capitaines par qui vous avez été souvent
menés à la victoire. Mais dans une expédition où il s'agit
du salut de l'État et de la cause de Dieu, j'ai cru que ma
voix serait écoutée de vous. Vous vous plaigniez depuis
longtemps que nos côtes fussent ravagées par les Maures,
que vos enfants fussent traînés en servitude, que nous
fussions tous sur le point d'être réduits en esclavage par
les Infidèles. Vous demandiez à être conduits sur ces ri-
vages pour venger tant de pertes et d'affronts. Vos vœux
ont été exaucés. Voyez cette région barbare : voilà devant
vos yeux les ennemis par qui vous avez été accablés de
maux pendant tant de siècles, et qui sont encore altérés
de votre sang. Que cette vue excite votre ardeur. Saisissez
l'occasion qui vous fut trop longtemps refusée par la fortune, de signaler votre courage aux yeux de l'univers.

RÉGIME DE LA VOIX RÉFLÉCHIE.

§ 253-254.

123ᵉ Exercice.

Transcrivez les verbes réfléchis contenus dans cet exercice, en indiquant s'ils ont, outre le pronom personnel, un autre régime, direct ou indirect, ou bien s'ils n'en ont pas.

Henri V d'Angleterre s'avance vers ses troupes qui ne se décidaient pas à l'assaut, et se tenaient hésitantes encore à quelques pas des murs d'Harfleur. « A la brèche! mes amis, s'écrie-t-il, à la brèche. Au lieu de nous affliger de leur trépas, couvrons-nous, s'il le faut, du corps de ceux qui ont déjà péri, roidissons-nous contre les obstacles, renversons tout ce qui s'oppose à nous, en un mot rendons-nous dignes de nos aïeux, qui ne se reposaient que quand ils s'étaient délivrés de leurs ennemis tués un à un. Ah! je vois enfin que vous vous êtes émus de mes paroles; vous rougiriez de vous arrêter plus longtemps au pied de ces murs qui déjà se dégarnissent de défenseurs, devant cette ville qui s'estimera heureuse tout à l'heure si nous la laissons debout. Prêt à m'élancer et à vaincre ou à mourir sous vos yeux, je m'enorgueillis d'avance de vos exploits. A la brèche donc! braves Anglais, et courons en poussant le cri de ralliement de nos aïeux : « Vive saint Georges! Vive l'Angleterre!»

RÉGIME DES VERBES UNIPERSONNELS.

§ 256-257.

124ᵉ Exercice.

Soulignez, avec leurs régimes, les verbes unipersonnels, ou employés unipersonnellement, qui se trouvent dans cet exercice.

Il arriva à un officier de l'armée de Turenne de perdre deux chevaux dans le combat. Il lui aurait fallu une assez forte somme d'argent pour les remplacer, et cet officier manquait de ressources pour réparer cette perte. Il alla donc trouver Turenne : « Il dépend de vous, mon général, lui dit-il, que j'assiste à la prochaine bataille, s'il vous est possible de me faire donner un cheval. » Turenne lui en donna deux, et lui dit tout bas : « Il m'importe essentiellement que vous n'en disiez rien à personne ; car si l'on savait ce que je fais aujourd'hui pour vous, demain je serais assailli de demandes, et je ne suis pas assez riche pour donner à tout le monde ; il faut donc, monsieur l'officier, la plus grande discrétion de votre part dans toute cette affaire. »

§ 261-264.

125° Exercice.

Remettez à leur place régulière les régimes directs et les régimes indirects qui se trouvent dans cet exercice.

Celui qui donne à un pauvre des habits, et celui qui donne de sages conseils à un pécheur, ont le même mérite devant Dieu. Cependant si l'un des deux devait être préféré à l'autre, il semble que ce serait le second, puisque le soin de l'âme est préférable à celui du corps. Mais à Dieu seul appartient le droit de juger de nos actions et de nos intentions : à chacun de nous il décernera la récompense et la punition, selon nos mérites. De notre obéissance à ses lois, de notre soumission à ses préceptes de charité, il ne peut résulter que bonheur pour nous ; vivre selon Dieu, c'est assurer à notre conscience le repos, à notre cœur la paix, c'est entrer dans l'espérance fondée qu'au jour du jugement nous obtiendrons miséricorde. A quiconque pourrait en douter, je montrerais quels sont dès cette vie les tourments de celui qui tente de se soustraire à la loi divine, de quelles angoisses, de quels remords le crime est suivi. Le Dieu que nous adorons est un Dieu de bonté, mais aussi un Dieu de justice ; les mauvais traitements que nous aurons exercés envers nos semblables, il les exercera à son tour envers nous ; les bienfaits que nous leur aurons accordés, il nous les rendra au centuple. De quel aveuglement ne faudrait-il donc pas être frappé pour se mettre en révolte ouverte contre celui de qui nous dépendons et dans le temps et dans l'éternité ?

V. — RÉGIME DE L'ADVERBE.

§ 265.

126ᵉ Exercice.

Soulignez, avec leurs régimes, les adverbes contenus dans cet exercice.

Indépendamment des sommes que je vous ai remises moi-même, j'ai donné ordre qu'on vous fît parvenir de nouveaux secours.

Agissez conformément aux instructions que vous avez reçues de vos chefs.

Conséquemment à ce dont nous étions convenus, vous enverrez ces papiers à mon notaire.

Agissez convenablement à nos intérêts.

Ils se sont exercés tous les deux sur le même sujet, mais l'un l'a traité bien supérieurement à l'autre.

Il a montré plus d'audace que de prudence.

Trop d'hésitation nuit.

VI. — RÉGIME DE LA PRÉPOSITION.

§ 266.

127ᶜ Exercice.

Soulignez, avec leurs régimes, les prépositions qui se trouvent dans cet exercice.

Au matin, dans le camp normand, l'évêque de Bayeux célébra la messe et bénit les troupes. Toute l'armée se divisa en trois colonnes d'attaque. A la première étaient les gens d'armes venus des comtés de Boulogne et de Ponthieu, avec la plupart des aventuriers engagés individuellement pour une somme ; à la seconde se trouvaient les auxiliaires bretons. Guillaume en personne commandait la troisième, formée de la chevalerie normande. En tête et sur les flancs de chaque corps de bataille, marchaient plusieurs rangs de fantassins, armés à la légère. Le duc montait un cheval d'Espagne. Au moment où les troupes allaient se mettre en marche, Guillaume, élevant la voix, leur parla en ces termes : « Pensez à bien combattre, car si nous les vainquons, nous serons tous riches. » L'armée se trouva bientôt en vue du camp saxon, au nord-ouest de Hastings. A portée de trait, les archers commencèrent à lancer leurs flèches ; les fantassins armés de lances et les cavaliers s'avancèrent jusqu'aux redoutes et tentèrent de les forcer. Les Anglo-Saxons, tous à pied, autour de leur étendard, planté en terre, et formant derrière leurs palissades une masse compacte et solide, reçurent les assaillants à grands coups de hache, brisant d'un revers les lances et les armures.

Guillaume ordonna de lancer les traits par-dessus les remparts ; par cette manœuvre beaucoup d'Anglais furent blessés, Harold lui-même reçut une flèche dans l'œil. Le duc alors usa d'un stratagème, il ordonna à mille cavaliers de battre en retraite. La vue de cette retraite simulée fit perdre aux Saxons leur sang-froid ; ils se débandèrent, et les Normands, profitant de cette faute, les mirent bientôt en pleine déroute.

VII. — RÉGIME DE L'INTERJECTION.

§ 269.

128ᵉ Exercice.

Soulignez, avec leurs régimes, les interjections contenues dans cet exercice.

Malheur à vous qui vous cachez au lieu de combattre !
Fi d'un tel honneur, quand il faut l'acheter aussi cher !
Trêve de plaisanterie !

Ah ! voici Jules ! et voilà nos amis qui le suivent.

Nargue du chagrin !

Peste de l'importun qui racle encore son maudit violon !

RÈGLES DU PARTICIPE PASSÉ.

§ 270.

129ᵉ Exercice.

Faites accorder les participes contenus dans cet exercice.

Les hippopotames, *nommé* aussi chevaux de fleuves, vivent dans les lieux *écarté*, humide et peu *fréquenté*; leur peau *dénué* de poils, *rude* et *tendu*, est excessivement épaisse. Presque continuellement *plongé* dans les rivières ou *caché* dans les marais, ces sauvages animaux ne se mettent en campagne que quand la faim les presse; ils vont alors ravager les champs *planté* de riz ou de millet. La canne à sucre est surtout une nourriture fort *recherché* par eux ; aussi les pauvres cultivateurs leur font-ils une guerre *acharné*, bien qu'il soit dangereux de les attaquer de front ; car les hippopotames *arrivé* à un certain âge sont *doué* d'une grande force. L'ivoire *fourni* par leurs dents, et si *recherché* des tabletiers, sert principalement à faire des dents artificielles.

130ᵉ Exercice.

Faites le même travail que sur l'exercice précédent.

L'Afrique trop *oublié*, trop *dédaigné* peut-être, à cause de ses déserts affreux et constamment *brûlé* par le soleil, offre pourtant des ressources *varié* pour nos besoins et pour nos plaisirs; c'est là qu'on trouve la canne si *estimé* et beaucoup plus *pourvu* d'éléments *sucré* que celle *cultivé* en Amérique. On y recueille la poudre d'or *disséminé* dans les fleuves ou à peine *caché* dans le flanc des montagnes, les oliviers *parfumé*, la datte, le coco, si cher au voyageur *égaré*. Un jour peut-être, ces contrées, *resté* jusqu'à présent étrangères à notre civilisation, prendront les mœurs *policé* de notre Europe, et seront *recherché* par les populations qui se trouvent trop à l'étroit sur les autres continents.

§ 271.

131ᵉ Exercice.

Faites le même travail que sur les deux exercices précédents.

La tempête était *apaisé*, il est vrai, mais nous étions *fatigué*, *trempé*, *abattu*, après une course *fait* dans de telles conditions; nous décidâmes donc que nous irions nous reposer un instant dans une des nombreuses cavernes de ce pays sauvage; nous en choisîmes une qui était *tapissé* de lianes *fleuri*, et *ombragé* par des touffes de palmiers-nains.

A peine étions-nous *installé* là et paresseusement *couché* sur la mousse, que nous vîmes nos chiens à moitié *endormi* à nos pieds se lever subitement; leurs oreilles étaient *dressé*, leurs yeux tout *effaré*, et de sourds grognements sortaient de leur gosier. Aussitôt, nos deux Indiens qui étaient *resté* en vedette à l'entrée de la grotte accoururent en donnant les signes du plus grand effroi.... « Une tigresse! une tigresse! » s'écrièrent-ils. Ce cri d'alarme était à peine *jeté*, que le capitaine W.... sortait du fond de la caverne en portant dans ses bras deux petits tigres dont les yeux étaient encore *fermé*, et qui paraissaient *âgé* à peine de cinq ou six jours.

132ᵉ Exercice.

Faites le même travail que sur les trois exercices précédents.

« Nous sommes *perdu*, maître, me dit mon Indien, les tigres ne pardonnent pas aux chasseurs, et c'est ici leur repaire; dans trois minutes au plus la mère sera *arrivé*. Nous sommes *perdu*, *mort*, je vous le dis.

—Trois minutes! s'écria le capitaine, c'est peu; mais

c'est déjà quelque chose pour prendre de l'avance. Partons.

—Mais que veux-tu faire de ces petits tigres que je vois là *pendu* à ton bras et presque *étouffé?* dis-je à mon ami.

— C'est par eux que peut-être nous allons être *sauvé,* » me répondit-il en prenant les devants.

En quelques minutes nous étions déjà assez *éloigné* de la grotte; mais hélas! nous n'étions pas encore *sauvé,* car bientôt nous nous sentîmes *poursuivi* par la tigresse. Elle n'était plus *éloigné* que de cent pas de nous, et je me croyais à mon dernier jour, quand le capitaine s'arrêta tout court et jeta à cette bête furieuse un de ses petits tigres. Elle le prit dans sa gueule et l'emporta à sa grotte, sans plus s'occuper de nous. Dix minutes à peine étaient *écoulé,* que la tigresse était de nouveau à quelques pas de nous. Alors, nous lui jetâmes le second de ses petits, et tandis qu'elle l'emportait comme le premier, nous pûmes franchir une rivière qui nous mettait à l'abri de sa fureur.

§ 270-276.

133ᵉ Exercice.

Faites accorder, quand il y a lieu, les participes passés contenus dans cet exercice.

Jeanne d'Arc avait *accompli* sa mission et *exécuté* les ordres du roi. Ce prince, qu'elle avait *conjuré* à genoux de lui permettre de se retirer, n'avait pas *voulu* y consentir. Il avait trop bien *reconnu* quelle ardeur la présence de Jeanne avait *communiqué* aux troupes, pour se priver de son secours. Cependant, les progrès rapides que Charles VII avait *fait,* et le sacre qu'il avait *reçu* dans la ville de Reims, avaient *augmenté* le nombre de ses partisans, et les assurances de soumission que lui avaient *apporté* les villes les plus importantes, lui donnaient l'espoir de reconquérir prochainement tout son royaume.

Sur ces entrefaites, Jeanne, *forcé* de reprendre les armes pour obéir à son roi, fut *fait* prisonnière par les

Anglais, et *condamné* au dernier supplice, après une procédure dans laquelle on avait *entassé* mensonges sur mensonges. Tous les récits que les contemporains nous ont *laissé* sur sa mort nous la montrent aussi courageuse sur le bûcher qu'elle l'avait été sur le champ de bataille, et la flétrissure que sa condamnation a *imprimé* à ses juges sera éternelle.

134ᶜ Exercice.

Faites le même travail que sur l'exercice précédent.

L'enfant deviendra un jour un homme robuste de corps et d'esprit, si l'éducation que lui auront *donné* ses parents dès le berceau a été intelligente et bien *dirigé*, si les soins dont il aura été l'objet ont été habilement *ménagé*, si enfin on n'a été ni trop prompt ni trop lent à en faire un homme. Ses mains, que n'auront pas *déformé* prématurément de durs outils, prendront de justes proportions; ses épaules, que n'auront pas *chargé* trop tôt de lourds fardeaux, ne seront pas *déprimé*. Ses cheveux blonds ou noirs que n'auront pas ridiculement *lissé* ou *empâté* de dangereux cosmétiques, flotteront soyeux et luisants au gré des vents; sa peau, que le chaud soleil d'août et le froid mordant de l'hiver auront *éprouvé* et *affermi*, ne se gercera pas aux moindres variations de l'air.

Ses forces morales, qu'auront énergiquement *trempé* ses forces physiques, l'aideront à supporter ces mille contrariétés dont est *semé* l'existence de l'homme. Les rides, qu'ont *tracé* prématurément sur le front des faibles leurs inquiétudes ou leurs terreurs, n'auront pas chez lui *devancé* devancé la vieillesse. Il sera brave, parce qu'il sera confiant en lui-même; il sera bon, parce qu'une telle éducation l'aura *rendu* généreux et exempt d'égoïsme; il sera heureux, parce que le bonheur a *fait*, dit-on, son domicile favori en celui qui réunit ces deux précieux avantages : une âme saine et un corps sain.

§ 270-277.

135ᵉ Exercice.

Faites le même travail que sur les exercices précédents.

Est-il besoin de rappeler tous les faits glorieux qui ont *illustré* le règne de Henri IV ? Dirai-je toutes les difficultés qu'il a *surmonté*, toutes les trahisons qu'il a *déjoué*, tous les ennemis qu'il a *vaincu*, toutes les villes qu'il a *pris* par force ou par habileté avant de monter sur le trône? Et une fois *entré* dans sa capitale et *reconnu* roi par tous ses sujets, quelle application n'a-t-il pas *mis* à réparer tous les maux de la guerre civile! Quelle heureuse économie n'a-t-il pas *introduit* dans l'administration des finances, *livré* autrefois à d'indignes favoris! Quels encouragements n'a-t-il pas *prodigué* à l'industrie et à l'agriculture! Sans doute, il y a eu des conquérants plus célèbres, et l'on ne peut pas dire de lui ce que Cicéron a *dit* de César, qu'il a *soumis* plus de contrées qu'aucun voyageur n'en a *parcouru*; mais est-il un roi qui ait été plus *regretté* de ses sujets, dont la mort ait *fait* couler plus de larmes? Non-seulement la France, disait un contemporain, mais l'Europe entière en a *gémi*; car elle a *perdu* en lui le seul souverain qui fût capable d'arrêter les projets ambitieux de la maison d'Autriche.

§ 270-278.

136ᵉ Exercice.

Faites le même travail que sur les exercices précédents.

Vainement les rois qui s'étaient *succédé* sur le trône de Perse depuis Darius, s'étaient-ils *efforcé* de soumettre la Grèce. Ils ne s'étaient *attiré* par leur ambition que des défaites flétrissantes, au lieu de la gloire qu'ils s'étaient *promis*. Non-seulement Xerxès s'était *vu forcé* de repasser sur un frêle esquif la mer que naguère il avait *couvert* de ses flottes nombreuses; mais bientôt ses pro-

vinces même avaient été *envahi*, et il s'était *hâté* de si-
gner un traité honteux que lui avaient imposé les Grecs.
C'était à cela qu'avaient abouti les brillantes espérances
dont sa vanité s'était *bercé*. Ces événements si glorieux
pour la Grèce, Hérodote y avait *assisté*, et quand les ennemis se furent *retiré* précipitamment du sol sacré de la
patrie, il les raconta dans sa langue harmonieuse à tous
les Grecs réunis aux jeux olympiques.

§ 279.

137ᵉ Exercice.

Faites le même travail que sur l'exercice précédent.

Les malheurs d'Ulysse sont connus par toute la terre.
Quelle nation barbare ne les a pas *entendu* raconter?

Ces courtisans, aujourd'hui si humbles et si abattus,
ne les avons-nous pas *vu* triompher insolemment dans la
prospérité, et insulter au malheur?

Tous les arguments qu'il a *su* trouver pour défendre
sa cause, sont plus spécieux que solides.

Tous les soldats que les généraux athéniens avaient
aissé aller à terre, ne purent rejoindre à temps les vaisseaux, et furent faits prisonniers.

Je ne sais quel attachement secret nous éprouvons
pour les plantes et les arbres que nous avons *vu* pousser
et grandir avec nous.

Quelle prodigieuse facilité que celle des deux avocats
que j'ai *entendu* parler dans cette cause!

Hâtez-vous de réparer les fautes que vous reconnaissez
avoir *commis*.

Une violente tempête a jeté à la côte deux embarca-
tions; toute la population les a *vu* périr, sans pouvoir
sauver ceux qui les montaient.

CHAPITRE TROISIÈME.

SYNTAXE DE SUBORDINATION.

I. — EMPLOI DU PARTICIPE.

§ 282.

138ᵉ Exercice.

Transcrivez les participes contenus dans cet exercice, et remplacez-les par les temps de l'indicatif ou du subjonctif auxquels ils correspondent.

Le cheval, emportant l'homme dans les combats, est une belle et noble conquête de l'intelligence ; le dromadaire, traversant les déserts avec de lourds fardeaux, est une preuve incontestable de la prévoyance humaine ; ces gigantesques et hardis navires couverts de voiles ou mus par la vapeur disent également la supériorité du génie sur la matière et son habileté à la mettre en œuvre. La terre, l'eau et le feu soumis à la volonté de l'industriel ou du savant, se plient docilement à sa volonté, et se prêtent servilement à ses caprices.

Je demande un poëte aimable, proportionné au commun des hommes, cherchant tout pour eux et rien pour lui.

Je veux un homme me faisant oublier qu'il est auteur, et se mettant comme de plain-pied en conversation avec moi.

§ 283-284.

139ᵉ Exercice.

Transcrivez les participes contenus dans cet exercice, et indiquez s'ils se rapportent au sujet ou au régime d'un verbe, ou s'ils sont *absolus*.

Un jour le roi, traversant ses grands appartements à une heure où les courtisans, encore dans les antichambres, attendaient le petit lever, vit une espèce d'ouvrier monté sur une échelle et cherchant à décrocher un lustre d'un grand prix. Cet homme si haut perché était en danger de tomber et de se casser le cou. Le prince, craignant pour cet homme, vint tenir le pied de cette échelle, attendant que l'autre eût terminé son opération. « Je vous remercie beaucoup, dit l'ouvrier, ne reconnaissant nullement le roi. Vous m'avez rendu un bon office, » Puis, son lustre descendu et chargé sur ses épaules, il prit la première porte et disparut.

Or, ce singulier ouvrier n'était autre qu'un adroit voleur qui venait de se servir effrontément de l'aide du roi pour enlever un magnifique lustre d'argent massif.

Le grand prévôt averti de cette affaire voulut aussitôt mettre la police aux trousses du voleur. Le roi, prenant la chose en riant, dit alors : « Je m'en vais prier M. le grand prévôt d'assoupir cette affaire ; car un pareil vol une fois accompli, ce ne sont pas seulement les coupables qui doivent être punis : il faut punir aussi les complices, et c'est moi qui ai tenu l'échelle. »

II. — EMPLOI DE L'INFININIF.

§ 285.

140ᵉ Exercice.

Transcrivez les infinitifs contenus dans cet exercice, et indiquez les temps de l'indicatif ou du subjonctif auxquels ils correspondent.

« Je parie, dis-je à l'abbé Cosson, que vous avez fait cent gaucheries à ce dîner. — Comment ! s'écria-t-il, avant de m'entendre, vous me jugez. Il me semble, du reste, que j'ai fait comme tout le monde, et je pense n'avoir rien fait de mal. — Voyons, repris-je, avant de manger, que fîtes-vous ? — Mais, je fis comme tout le monde, j'attachai ma serviette à ma boutonnière. — Cela ne se fait plus, c'était sur vos genoux qu'il fallait l'étaler. Et pour manger votre soupe, comment fîtes-vous ? — Je pris ma cuiller d'une main et ma fourchette de l'autre. — Votre fourchette, bon Dieu ! mais il est du bon ton de ne plus s'en servir; il fallait vous contenter de la cuiller. Et après? — On servit des œufs frais, je les mangeai, et.... — Et que fîtes-vous de la coquille? — Parbleu! vous ne me croyez pas capable de l'avoir avalée: je la laissai là. — Sans la casser? — La casser? — Oui, c'est du bon ton. Et après? — Je vis apporter le premier plat, et je priai le maître de la maison de me servir du bouilli. — Ce n'est pas du bouilli qu'il fallait dire, mais bien du bœuf. Et de votre pain, qu'en fîtes-vous? — Pour le manger, il fallait bien le couper; c'est ce que je fis le plus proprement possible. — On ne coupe pas son pain, mon cher; on le casse. Et enfin? — Supposant avoir assez mangé, j'attendis qu'on apportât le café. — Et comment le prîtes-vous? — J'espère bien cette fois l'avoir pris comme tout le monde; pour le boire à mon aise et sans me brûler, je le versai peu à peu dans ma soucoupe et m'applaudis fort d'avoir fait ainsi, car il était bouillant. — Eh! bien, vous commîtes encore une énorme bévue; il fallait le laisser dans la tasse et le boire ainsi, quand même vous vous seriez brûlé vingt fois. »

Le pauvre abbé, qui croyait s'être comporté comme tout le monde, resta confondu quand il fut convaincu de n'avoir fait comme personne.

§ 286.

141ᵉ Exercice.

Soulignez d'un trait simple les infinitifs contenus dans cet exercice, et qui jouent le rôle de sujets, et d'un trait double les verbes auxquels ils servent de sujet.

Penser peu, parler de tout, ne douter de rien, s'exprimer heureusement, avoir une conversation légère et délicate, savoir plaire sans se faire estimer, voler d'objets en objets sans en approfondir aucun, cueillir rapidement toutes les fleurs et ne donner jamais aux fruits le temps de parvenir à maturité; c'est une faible peinture de ce qu'il a plu à notre siècle d'honorer du nom d'esprit.

142ᵉ Exercice.

Faites le même travail que sur l'exercice précédent.

Le Colimaçon.

Sans amis, comme sans famille,
Ici-bas vivre en étranger ;
Se retirer dans sa coquille
Au signal du moindre danger ;
S'aimer d'une amitié sans bornes ;
De soi seul remplir sa maison ;
En sortir, suivant la saison,
Pour faire à son prochain les cornes ;
Signaler ses pas destructeurs
Par les traces les plus impures ;
Outrager les plus tendres fleurs
Par ses baisers ou ses morsures ;
Enfin chez soi, comme en prison,
Veiller, de jour en jour plus triste,
C'est l'histoire de l'égoïste
Et celle du colimaçon.

§ 287.

143ᵉ Exercice.

Transcrivez les infinitifs contenus dans cet exercice, et indiquez s'ils sont régimes d'un nom, d'un adjectif ou d'un verbe.

Les deux armées étaient également impatientes de combattre.

Désireux de revoir Ithaque, sa patrie, sa femme Pénélope, et son fils Télémaque, Ulysse obtint du roi des Phéaciens un navire qui devait le ramener dans son île.

Platon brûlait d'un vif désir de connaître les mœurs et les lois des Égyptiens.

Philippe, roi de Macédoine, fier d'avoir vaincu la Grèce liguée contre lui, se laissa aller, après la victoire de Chéronée, aux transports d'une joie insolente.

L'usage de brûler les morts n'était pas universel dans l'antiquité.

Nous ne serons pas prêts à entrer en campagne avant la fin de ce mois.

Quelquefois une crainte excessive de faire mal nous empêche de bien faire.

César était naturellement porté à pardonner.

§ 287-289.

144ᵉ Exercice.

Transcrivez les infinitifs contenus dans cet exercice qui sont régimes d'un verbe, et indiquez s'ils sont employés comme régimes directs ou comme régimes indirects.

Un jour, Diogène fut pris par des pirates qui le menèrent en Crète. Ils l'exposèrent au marché; il n'en fut pas plus chagrin, il ne parut même pas se mettre en peine de son malheur. Il vit un certain Xéniade, bien gras et bien habillé : « On devrait me vendre à celui-ci, dit-il, car il doit avoir besoin d'un bon maître. » Comme Xéniade s'approchait, il lui dit : « Viens, enfant, viens marchander un homme. » On lui demanda ce qu'il savait faire, il répondit qu'il avait appris à commander aux hommes. « Héraut, dit-il, crie dans le marché, si quelqu'un a besoin d'un maître, qu'il se hâte de l'acheter. » Celui qui le vendait lui défendait de s'asseoir : « Qu'importe? dit Diogène; ne vois-tu pas acheter tous les jours des poissons dans quelque posture qu'ils soient? et je m'étonne que l'on ne marchande pas même un couvercle de marmite sans l'avoir fait sonner pour connaître la qualité du métal, tandis que pour acheter un homme, on se contente de le regarder. » Quand le prix fut arrêté, il dit à Xéniade : « Quoique je sois à présent ton esclave, tu peux te disposer à faire ce que je voudrai; car soit que je te serve de médecin ou d'intendant, il n'importe, tu seras forcé de m'obéir. »

III. — EMPLOI D'UNE CONJONCTION.

§ 290-291.

145ᵉ Exercice.

Soulignez les verbes subordonnés à la conjonction *que* contenus
dans cet exercice.

Le roi donna hier audience à l'ambassadeur de Hol-
lande. L'ambassadeur présenta sa lettre au roi qui ne la
lut pas, mais alors il s'étendit fort sur les justifications
qui y étaient contenues, disant que messieurs des États
s'étaient examinés scrupuleusement pour voir ce qu'ils
auraient pu faire qui déplût à Sa Majesté ; qu'ils n'avaient
jamais manqué de respect, et que cependant ils enten-
daient dire que tout ce grand armement n'était fait que
pour fondre sur eux ; qu'ils étaient prêts à satisfaire Sa
Majesté dans tout ce qu'il lui plairait d'ordonner, et qu'ils
la suppliaient de se souvenir des bontés que les rois ses
prédécesseurs avaient eues pour eux, et auxquelles ils
devaient toute leur grandeur. Le roi répondit qu'il savait
qu'on excitait ses ennemis contre lui ; qu'il avait cru
qu'il était de la prudence de ne se pas laisser surprendre,
et que c'était là ce qui l'avait obligé de se rendre si puissant sur la mer et sur la terre, afin d'être en état de se défendre ; qu'il lui restait encore quelques ordres à donner,
et qu'au printemps il ferait ce qu'il trouverait le plus
avantageux pour sa gloire et pour le bien de son État. Il
fit comprendre ensuite à l'ambassadeur, par un signe de
tête, qu'il ne voulait point de réplique. La lettre s'est
trouvée conforme au discours de l'ambassadeur, hormis
qu'elle finissait par assurer Sa Majesté qu'ils feraient tout
ce qu'elle ordonnerait, pourvu qu'il ne leur en coûtât point
de se brouiller avec leurs alliés.

§ 290-293.

146ᵉ Exercice.

Mettez au mode indicatif ou au mode subjonctif, conformément à la
règle, les verbes subordonnés à la conjonction *que* qui se trouvent
dans cet exercice.

Fuyez la mollesse, le faste, la profusion; mettez votre
gloire dans la simplicité; faites en sorte que vos vertus
et vos bonnes actions (*être*, présent) les ornements de
votre personne et de votre palais; qu'elles (*être*, présent)
la garde qui vous environne, et que tout le monde (*apprendre*, présent) de vous en quoi consiste le vrai honneur. N'oubliez jamais que les rois ne (*régner*, présent)
point pour leur propre gloire, mais pour le bien des
peuples; songez que le bien qu'ils font (*s'étendre*, présent) jusque dans les siècles les plus éloignés, et que les
maux qu'ils font (*se multiplier*, présent) de génération en
génération, jusqu'à la postérité la plus reculée. Souvenez-
vous qu'un mauvais règne (*faire*, présent) quelquefois la
calamité de plusieurs siècles; surtout soyez en garde
contre votre humeur; considérez que c' (*être*, présent) un
ennemi que vous porterez en vous jusqu'à la mort. Prenez
garde qu'elle n' (*entrer*, présent) dans vos conseils et ne
vous (*trahir*, présent), si vous l'écoutez. Pour moi, je ne
crois pas qu'il y (*avoir*, présent) rien de plus préjudiciable
aux grands intérêts que l'humeur; elle fait décider les plus
grandes affaires par les plus petites raisons. Craignez
qu'elle n' (*obscurcir*, présent) votre talent, ne (*rabaisser*,
présent) votre courage, ne vous (*rendre*, présent) inégal,
faible, vil et insupportable. Défiez-vous de cet ennemi.

RÈGLE D'ATTRACTION.

§ 294.

147ᵉ Exercice.

Appliquez la règle d'attraction aux verbes subordonnés à la conjonction *que* qui se trouvent dans cet exercice.

Annibal, qui cherchait tous les moyens pour sortir du défilé où ses troupes se trouvaient engagées, s'arrêta enfin à celui-ci : il ordonna qu'on (*attacher*) aux cornes de deux mille bœufs des torches ou des fagots de sarments, et prescrivit qu'on les (*allumer*) à un moment donné. Ces dispositions ainsi prises, il fit en sorte que ces animaux (*être*) conduits en silence jusqu'auprès du camp des ennemis. Là il recommanda qu'on (*mettre*) le feu aux torches et qu'on (*pousser*) les bœufs en avant, ne doutant pas que dès l'instant que les flammes arriveraient aux parties vives de ces bêtes, elles ne les (*mettre*) en furie, qu'enfin elles ne se (*répandre*) parmi les ennemis épouvantés et ne les (*forcer*) à prendre la fuite sans combat.

§ 294-295.

148ᵉ Exercice.

Faites le même travail que sur l'exercice précédent.

Pensez-vous que votre maître (*sortir*) ?
Je suis désolé que vous (*prendre*) hier la peine de venir.
Je ne bougerai pas d'ici que vous ne (*être*) venu.
Le médecin avait recommandé qu'il (*garder*) le silence le plus absolu.
Je voudrais bien que vous (*venir*) m'aider.
J'exige que tu y (*faire*) attention une autre fois.
Je crains fort que cet enfant ne se (*blesser*).
On veut que j' (*avoir*) fini cette besogne pour midi.
Je prétends que cela (*devoir*) être toujours ainsi.
Aurait-on pu penser qu'il (*s'inquiéter*) si peu de ses propres affaires ?

Vous a-t-on dit que ma mère (*être*) de retour?

Je ne dis pas que vous (*avoir*) tort.

Je n'aurais jamais imaginé que vous (*pouvoir*) venir à bout de ce cheval vicieux.

Je vois qu'il (*tenir*) bon.

Si je pensais qu'il (*tenir*) bon.

Je croyais, mon cher ami, que vous (*être*) malade.

Si j'avais été certain que vous le (*être*), je serais venu.

Il est vrai que c'est vous qui (*avoir*) raison; mais il n'est pas prouvé que j' (*avoir*) tort.

IV. — EMPLOI D'UN RELATIF.

§ 296-298.

149e Exercice.

Mettez au mode prescrit par la règle les verbes subordonnés contenus dans cet exercice.

Je ne connais rien qui (*rafraîchir*) le sang comme d'avoir pu échapper à une mauvaise tentation.

Je n'ai jamais connu personne qui se (*croire*) parfaitement heureux.

Le plus grand ennemi que nous (*avoir*) à redouter, c'est souvent nous-mêmes.

Je ne pense pas qu'il y ait beaucoup d'hommes qui (*être*) parfaitement contents d'eux-mêmes.

Il faut se taire, ou dire des choses qui (*valoir*) mieux que le silence.

La meilleure consolatrice que nous (*pouvoir*) avoir, c'est l'étude.

Démosthène et Cicéron sont les orateurs les plus éloquents dont les noms nous (*être*) parvenus.

La plus belle récompense que l'homme (*obtenir*) ici-bas, c'est une conscience tranquille.

Je désire une campagne qui (*être éloigné*) de la ville.

V. — EMPLOI D'UN INTERROGATIF.

§ 299.

150ᵉ Exercice.

Mettez au mode prescrit par la règle les verbes subordonnés
contenus dans cet exercice.

Dis-moi qui tu (*hanter*), je te dirai qui tu (*être*).

Ne cherche pas qui (*pouvoir*) t'aider dans le malheur;
les ressources les plus sûres sont en toi.

Savez-vous qui (*veiller*) sur chacun de vous avec autant
de sollicitude?

On ne sait qui (*vivre*) ni qui (*mourir*).

Dites-moi qui (*être*) assez habile pour être toujours
heureux.

Ne lui demandez pas qui il (*être*); il ne se connaît pas
lui-même.

§ 299-300.

151ᵉ Exercice.

Soulignez d'un trait simple les pronoms interrogatifs, et d'un double
trait les pronoms, les adjectifs et les adverbes relatifs qui tiennent
lieu d'interrogatifs dans cet exercice.

ATHALIE.

Ne sait-on pas au moins quel pays est le vôtre?

JOAS.

Ce temple est mon pays; je n'en connais point d'autre.

ATHALIE.

Où dit-on que le sort vous a fait rencontrer?

JOAS.

Parmi des loups cruels prêts à me dévorer.

ATHALIE.

Qui vous mit dans ce temple?

JOAS.

Une femme inconnue,
Qui ne dit point son nom et qu'on n'a pas revue.

ATHALIE.

Mais de vos premiers ans quelles mains ont pris soin?

JOAS.

Dieu laissa-t-il jamais ses enfants au besoin?
Aux petits des oiseaux il donne la pâture,
Et sa bonté s'étend sur toute la nature.

. . . .

ATHALIE.

. . . . . . Quel est tous les jours votre emploi?

JOAS.

J'adore le Seigneur, on m'explique sa loi.

. . . .

ATHALIE.

Que vous dit cette loi?

JOAS.

Que Dieu veut être aimé,
Qu'il venge tôt ou tard son saint nom blasphémé.

ATHALIE.

Dieu veut-il qu'à toute heure on prie, on le contemple?

JOAS.

Tout profane exercice est banni de son temple.

ATHALIE.

Quels sont donc vos plaisirs?

JOAS.

Quelquefois à l'autel
Je présente au grand prêtre et l'encens et le sel,
J'entends chanter de Dieu les grandeurs infinies,
Je vois l'ordre pompeux de ses cérémonies.

CHAPITRE QUATRIÈME.

ANALYSE GRAMMATICALE.

152ᵉ Exercice.

Faites l'analyse grammaticale du morceau suivant.

1. A l'approche des soldats du Christ, les Gaulois serrent leurs rangs, les Romains se rallient. Le combat recommence de toutes parts.

2. La légion chrétienne que conduit Constance ouvre une large brèche dans les rangs des barbares.

3. Déjà les Francs étaient à moitié vaincus; mais le ciel leur réservait de grandes destinées.

4. Un vent impétueux s'élève soudain, des torrents de pluie tombent sur le camp ennemi, et épargnent celui des Francs.

5. La terreur s'empare alors du cœur des Romains, la confiance revient dans celui des Francs, et bientôt la victoire leur est assurée.

FIN.

TABLE DES MATIÈRES.

PREMIÈRE PARTIE. — ÉLÉMENTS DU LANGAGE......... 1

CHAP. I. — DU NOM... 1

    Du genre dans les noms.............................. 3

    Du nombre dans les noms............................ 4

    Formation du pluriel................................ 6

CHAP. II. — DE L'ARTICLE.................................. 9

    Article défini...................................... 9

    Article indéfini.................................... 9

CHAP. III. — DE L'ADJECTIF.............................. 11

    Formation du pluriel dans les adjectifs............. 12

    Formation du féminin dans les adjectifs............. 12

    Degrés de signification ou de comparaison dans les adjectifs. 14

CHAP. IV. — DU PRONOM.................................... 16

    I. Pronoms personnels............................... 16

    II. Pronoms démonstratifs........................... 19

    III. Pronom relatif................................. 20

    IV. Pronoms interrogatifs........................... 21

    V. Pronoms indéfinis................................ 22

    ADJECTIFS PRONOMINAUX............................... 23

    I. Adjectifs personnels ou possessifs............... 23

    II. Adjectifs démonstratifs......................... 26

    III. Adjectifs relatifs............................. 27

    IV. Adjectifs interrogatifs......................... 27

    V. Adjectifs indéfinis.............................. 28

    ADJECTIFS NUMÉRAUX.................................. 29

CHAP. V. — DU VERBE...................................... 30

    VERBES AUXILIAIRES.................................. 31

    VERBES TRANSITIFS................................... 33

    I. Verbes transitifs directs........................ 33

    Conjugaison de la voix active....................... 33

    Conjugaison de la voix passive...................... 43

    Conjugaison de la voix réfléchie.................... 46

    II. Verbes transitifs indirects..................... 49

    VERBES INTRANSITIFS................................. 50

    VERBES UNIPERSONNELS................................ 51

    VERBES IRRÉGULIERS ET DÉFECTIFS..................... 52

CHAP. VI. — DE L'ADVERBE 54
   Degrés de signification dans les adverbes................ 55
CHAP. VII. — DE LA PRÉPOSITION...................... 56
CHAP. VIII. — DE LA CONJONCTION..................... 58
CHAP. IX. — DE L'INTERJECTION 59
DEUXIÈME PARTIE. — SYNTAXE...................... 61
CHAP. I. — SYNTAXE D'ACCORD......................... 61
   I.   Accord du nom.. 61
   II. Accord de l'article.................................... 62
   III. Accord de l'adjectif.................................. 62
   IV. Accord du pronom.................................... 64
   V. Accord du verbe...................................... 65
CHAP. II. — SYNTAXE DE RÉGIME....................... 67
   I.   Régime du nom...................................... 67
   II. Régime de l'adjectif.................................. 68
   III. Régime du pronom.................................... 69
   IV. Régime du verbe..................................... 70
   Régime de la voix active............................... 70
   Régime de la voix passive............................. 73
   Régime de la voix réfléchie............................ 75
   Régime des verbes unipersonnels...................... 75
   V.   Régime de l'adverbe................................ 77
   VI. Régime de la préposition............................ 77
   VII. Régime de l'interjection............................ 78
   RÈGLES DU PARTICIPE PASSÉ........................... 79
CHAP. III. — SYNTAXE DE SUBORDINATION.............. 85
   I.   Emploi du participe.................................. 85
   II. Emploi de l'infinitif.................................. 86
   III. Emploi d'une conjonction............................ 90
   IV. Emploi d'un relatif.................................. 93
   V. Emploi d'un interrogatif.............................. 94
CHAP. IV. — ANALYSE GRAMMATICALE.................. 96

FIN DE LA TABLE.

LIBRAIRIE DE L. HACHETTE ET Cie,

BOULEVARD SAINT-GERMAIN, 77, A PARIS.

LES
AUTEURS LATINS
EXPLIQUÉS
D'APRÈS UNE MÉTHODE NOUVELLE PAR DEUX TRADUCTIONS FRANÇAISES,

L'une littérale et *juxtalinéaire*, présentant le mot à mot français en regard des mots latins correspondants ; l'autre correcte et précédée du texte latin ; avec des Sommaires et des Notes en français, par une Société de Professeurs et de Latinistes. Format in-12.

Cette collection comprendra les principaux auteurs qu'on explique dans les classes

EN VENTE :

	fr.	»
CÉSAR : *Guerre des Gaules*, par M. Sommer. 2 volumes....................	9	»
Livres I, II, III et IV. 1 volume............................	4	»
Livres V, VI et VII. 1 volume............................	5	
CICÉRON : *Catilinaires* (les quatre), par M. J. Thibault..................	2	
La première Catilinaire, séparément......................	»	50
— *Dialogue sur l'Amitié*, par M. Legouez, professeur au lycée Bonaparte....	1	25
— *Dialogue sur la Vieillesse*, par MM. Paret et Legouëz..................	1	25
— *Discours contre Verrès sur les Statues*, par M. J. Thibault, de l'ancienne École normale............................	3	
— *Discours contre Verrès sur les Supplices*, par M. O. Dupont.............	3	»
— *Discours pour la loi Manilia*, par M. Lesage...............	1	50
— *Discours pour Ligarius*, par M. Materne..................	»	75
— *Discours pour Marcellus*, par le même......	»	75
— *Plaidoyer pour le poète Archias*, par M. Ghansselle..............	»	90
— *Plaidoyer pour Milon*, par M. Sommer, agrégé des classes supérieures..	1	50
— *Plaidoyer pour Murena*, par M. J. Thibault.....................	2	50
— *Songe de Scipion*, par M. Ch. Pottin....................	»	50
CORNELIUS NEPOS : *Vies des grands Capitaines*, par M. Sommer......	»	
HORACE : *Art poétique*, par M. Taillefert, proviseur du lycée d'Orléans...	»	75
— *Épîtres*, par le même auteur.................	2	»
— *Odes et Épodes*, par MM. Sommer et A. Desportes. 2 vol..........	4	50
Le 1er et le 2e livre des *Odes*, séparément, 1 vol........ 2 fr. » c.		
Le 3e et le 4e livre des *Odes* et les *Épodes*, séparément,..... 2 fr. 50 c.		
— *Satires*, par les mêmes auteurs....................	2	
LHOMOND : *Epitome historiæ sacræ*........................	3	»
PHÈDRE : *Fables*, par M. D. Marie, ancien élève de l'École normale.......	2	»
SALLUSTE : *Catilina*, par M. Croiset, professeur au lycée Saint-Louis..	1	50
— *Jugurtha*, par le même.....................	3	50
TACITE : *Annales*, par M. Materne, professeur du lycée Saint-Louis. 4 vol.	18	»
Livres I, II et III. 1 volume......	6	»
Le 1er livre séparément............................	3	50
Livres IV, V et VI. 1 volume......................	4	»
Livres XI, XII et XIII. 1 volume..................	4	25
Livres XIV, XV et XVI. 1 volume..................	4	»
— *Germanie* (la), par M. Doneaud, licencié ès lettres..............	1	»
— *Vie d'Agricola*, par M. H. Nepveu.....................	1	75

fr. c.

TÉRENCE : *Adelphes* (les), par M. Materne.............................. 2 »
— *Andrienne* (l'), par le même.................................... 2 50
VIRGILE : *Eglogues* ou *Bucoliques*, par MM. Sommer et A. Desportes...... 1 »
   La première Eglogue, séparément................................ » 30
— *Énéide*, par les mêmes, 4 volumes.............................. 16 »
   Livres I, II et III, réunis. 1 volume................................ 4 »
   Livres IV, V et VI, réunis. 1 volume................................ 4 »
   Livres VII, VIII et IX, réunis. 1 volume............................ 4 »
   Livres X, XI et XII, réunis. 1 volume.............................. 4 »
    Chaque livre séparément.................................... 1 50
— *Géorgiques* (les quatre livres), par les mêmes .... 2 »
    Chaque livre séparément.................................... » 60

LES
AUTEURS GRECS
EXPLIQUÉS
D'APRÈS UNE METHODE NOUVELLE PAR DEUX TRADUCTIONS FRANÇAISES,

L'une littérale et *juxtalinéaire*, présentant le mot à mot français en regard des mots grecs correspondants; l'autre correcte et précédée du texte grec; avec des Sommaires et des Notes en français; par une Société de Professeurs et d'Hellénistes. Format in-12.

Cette collection comprendra les principaux auteurs qu'on explique dans les classes.

EN VENTE :

fr. c.

ARISTOPHANE : *Plutus*, par M. Cattant, professeur au lycée de Nancy... 2 25
BABRIUS : *Fables*, par MM. Théobald Fix et Sommer.................. 4 »
BASILE (SAINT) : *De la lecture des auteurs profanes*, par M. Sommer... 1 25
— *Observe-toi toi-même*, par le même............................. » 90
— *Contre les usuriers*, par le même.............................. » 75
CHRYSOSTOME (S. JEAN) : *Homélie en faveur d'Eutrope*, par M. Sommer.. » 60
— *Homélie sur le retour de l'évêque Flavien*, par le même............. 1 »
DÉMOSTHÈNE : *Discours contre la loi de Leptine*, par M. Stiévenart.... 3 50
— *Discours pour Ctésiphon ou sur la Couronne*, par M. Sommer......... 3 50
— *Harangue sur les prévarications de l'Ambassade*, par M. Stiévenart.... 6
— *Olynthiennes* (les trois), par M. C. Leprévost..................... 1 50
    Chaque Olynthienne séparément............................. » 50
— *Philippiques* (les quatre), par MM. Lemoine et Sommer.............. 2 »
    Chaque Philippique séparément.............................. » 60
ESCHINE : *Discours contre Ctésiphon*, par M. Sommer............... 4 »
ESCHYLE : *Prométhée enchaîné*, par MM. Le Bas et Théobald Fix...... 2 »
— *Sept contre Thèbes* (les), par M. Materne, censeur du lycée Saint-Louis... 1 50
ÉSOPE : *Fables choisies*, par M. C. Leprévost..................... » 75
EURIPIDE : *Électre*, par M. Théobald Fix........................ 3 »
— *Hécube*, par M. C. Leprévost, professeur au lycée Bonaparte........ 2 »
— *Hippolyte*, par M. Théobald Fix.............................. 3 50
— *Iphigénie en Aulide*, par MM. Théobald Fix et Le Bas............... 3 25

	fr.	c.
GRÉGOIRE DE NAZIANZE (S.): *Éloge funèbre de Césaire*, par le même.	»	25
— *Homélie sur les Machabées*, par le même...........................	»	25
GRÉGOIRE DE NYSSE (SAINT) : *Contre les usuriers*, par M. Sommer...	»	75
— *Éloge funèbre de saint Mélèce*, par le même......................	»	75
HOMÈRE : *Iliade*, par M. C. Leprévost, prof. au lycée Bonaparte. 6 vol. ...	20	»
Chants I, II, III et IV réunis. 1 volume......................	3	50
Chants V, VI, VII et VIII réunis. 1 volume...................	3	50
Chants IX, X, XI et XII réunis. 1 volume....................	3	50
Chants XIII, XIV, XV et XVI réunis. 1 volume...............	3	50
Chants XVII, XVIII, XIX et XX réunis. 1 volume............	3	50
Chants XXI, XXII, XXIII et XXIV réunis. 1 volume......	3	50
Chaque chant séparément......................	1	»
Odyssée, par M. Sommer, agrégé des classes supérieures. 6 vol.........	24	»
Chants I, II, III et IV réunis. 1 volume.....................	4	»
Le premier chant, séparément.................	»	90
Chants V, VI, VII et VIII réunis. 1 volume................	4	»
Chants IX, X, XI et XII réunis. 1 volume.................	4	»
Chants XIII, XIV, XV et XVI réunis. 1 volume............	4	»
Chants XVII, XVIII, XIX et XX réunis. 1 volume..........	4	»
Chants XXI, XXII, XXIII et XXIV réunis. 1 volume........	4	»
ISOCRATE : *Archidamus*, par M. C. Leprévost...............	1	50
— *Conseils à Démonique*, par le même......................	»	75
— *Éloge d'Évagoras*, par M. Ed. Renouard, licencié ès lettres...........	1	»
LUCIEN : *Dialogues des morts*, par M. C. Leprévost.............	2	25
PÈRES GRECS (Choix de Discours tirés des), par M. Sommer...........	7	50
PINDARE : *Isthmiques* (les), par MM. Fix et Sommer..............	2	50
— *Néméennes* (les), par les mêmes..........................	3	»
— *Olympiques* (les), par les mêmes.........................	3	50
— *Pythiques* (les), par les mêmes..........................	3	50
PLATON : *Alcibiade* (le premier), par M. C. Leprévost...........	2	50
— *Apologie de Socrate*, par M. Materne, censeur du lycée Saint-Louis.....	2	»
— *Criton*, par M. Waddington-Kastus, agrégé de philosophie...........	1	25
— *Phédon*, par M. Sommer................................	5	»
PLUTARQUE : *De la lecture des poëtes*, par M. Ch. Aubert........	3	»
— *Vie d'Alexandre*, par M. Bétolaud, professeur au lycée Charlemagne....	3	»
— *Vie de César*, par M. Materne, censeur du lycée Saint-Louis..........	2	»
— *Vie de Cicéron*, par M. Sommer......................	3	50
— *Vie de Démosthène*, par le même.......................	2	»
— *Vie de Marius*, par le même............................	3	»
— *Vie de Pompée*, par M. Druon, proviseur du lycée de Rennes...........	5	»
— *Vie de Solon*, par M. Sommer..........................	3	»
— *Vie de Sylla*, par M. Sommer..........................	3	50
SOPHOCLE : *Ajax*, par M. Benloew et M. Bellaguet, inspecteur d'Académie.	2	50
— *Antigone*, par les mêmes..............................	2	25
— *Électre*, par les mêmes...............................	3	»
— *Œdipe à Colone*, par les mêmes........................	2	»
— *Œdipe roi*, par MM. Sommer et Bellaguet.................	1	50
— *Philoctète*, par MM. Benloew et Bellaguet.................	2	50
— *Trachiniennes* (les), par les mêmes.....................	2	50
THÉOCRITE : *Œuvres complètes*, par M. Léon Renier...........	7	50
La première Idylle, séparément, par M. C. Leprévost...........	»	45
THUCYDIDE : *Guerre du Péloponèse*, livre deuxième; par M. Sommer....	5	»
XÉNOPHON : *Apologie de Socrate*, par M. C. Leprévost.............	»	60
— *Cyropédie*, livre premier; par M. le docteur Lehrs................	1	25
— livre second; par M. Sommer...............	2	»
— *Entretiens mémorables de Socrate* (les quatre livres), par le même......	7	50
Chaque livre séparément..............................	2	»

LES AUTEURS ANGLAIS

EXPLIQUÉS

D'APRÈS UNE MÉTHODE NOUVELLE PAR DEUX TRADUCTIONS FRANÇAISES,

L'une littérale et *juxtalinéaire*, présentant le mot à mot français en regard des mots anglais correspondants ; l'autre correcte et précédée du texte anglais ; avec des Sommaires et des Notes en français ; par une Société de Professeurs et de Savants. Format in-12.

EN VENTE

SHAKSPEARE : *Coriolan*, par M. Fleming, ancien professeur de langue anglaise à l'École polytechnique. Broché.. 6 fr. »

LES AUTEURS ALLEMANDS

EXPLIQUÉS

D'APRÈS UNE MÉTHODE NOUVELLE PAR DEUX TRADUCTIONS FRANÇAISES,

L'une littérale et *juxtalinéaire*, présentant le mot à mot français en regard des mots allemands correspondants ; l'autre correcte et précédée du texte allemand ; avec des Sommaires et des Notes en français, par une Société de Professeurs et de Savants. Format in-12.

EN VENTE

LESSING : *Fables* en prose et en vers, par M. Boutteville, professeur suppléant de langue allemande au lycée Bonaparte. Broché...................... 1 fr. 50 c.
SCHILLER : *Guillaume Tell*, par M. Th. Fix, professeur de langue allemande au lycée Napoléon. Broché.. 6 fr. »
— *Marie Stuart*, par le même... 6 fr. »

LES AUTEURS ARABES

EXPLIQUÉS

D'APRÈS UNE MÉTHODE NOUVELLE PAR DEUX TRADUCTIONS FRANÇAISES,

L'une littérale et *juxtalinéaire*, présentant le mot à mot français en regard des mots arabes correspondants, l'autre correcte et précédée du texte arabe.

EN VENTE

HISTOIRE DE CHEMS-EDDINE ET DE NOUR-EDDINE, *extraite des Mille et une Nuits*, par M. Cherbonneau, professeur d'arabe à la chaire de Constantine.. 5 fr.
LOKMAN : *Fables*, avec un dictionnaire analytique des mots et des formes difficiles qui se rencontrent dans ces fables, par M. Cherbonneau. 1 vol. in-12. Prix. 3 fr.

Paris. — Imprimerie de Ch. Labure et Cie, rues de Fleurus, 9.

PARIS. — IMPRIMERIE DE CH. LAHURE ET Cie
Rue de Fleurus, 9

OUVRAGES DE M. SOMMER

QUI SE VENDENT A LA MÊME LIBRAIRIE :

Méthode uniforme pour l'enseignement des langues :

Abrégé de grammaire française, à l'usage des classes préparatoires dans les lycées et des écoles primaires. 1 vol. in-12,
cartonné. 75 c.

Abrégé de grammaire latine, à l'usage des classes de huitième,
septième et sixième. 1 vol. in-12, cartonné. 1 fr. 25 c.

Abrégé de grammaire grecque, à l'usage des classes de sixième
et cinquième. 1 vol. in-12, cartonné. 1 fr. 50 c.

Cours complet de grammaire française, à l'usage des établissements d'instruction secondaire et des écoles primaires. 1 vol.
in-8°, cartonné. 1 fr. 50 c.

Cours complet de grammaire grecque, à l'usage des établissements
d'instruction secondaire. 1 vol. in-8°, cartonné. 3 fr.

Ouvrages dont l'introduction dans les écoles est autorisée par M. le
Ministre de l'instruction publique.

Cours complet de grammaire latine, à l'usage des établissements
d'instruction secondaire. 1 vol. in-8°, cartonné. 2 fr. 50 c.

Des exercices sur les abrégés de grammaires et sur les cours complets
sont en préparation.

Lexique latin-français, à l'usage des classes élémentaires, ex-
trait du Dictionnaire latin-français de MM. Quicherat et Daveluy,
et augmenté de toutes les formes de mots irréguliers ou difficiles.
1 volume in-8°, cartonné. 3 fr. 50 c.

Lexique français-latin, à l'usage des classes élémentaires, ex-
trait du Dictionnaire français-latin de M. Quicherat, et augmenté
de toutes les formes irrégulières ou difficiles. 1 volume in-8°,
cartonné. 3 fr. 50 c.

Lexique grec-français, à l'usage des classes élémentaires.
1 vol. in-8°, cartonné. 6 fr.

Manuel de l'art épistolaire; 3e édition revue et augmentée.
2 volumes grand in-18, brochés. 3 fr. 25 c.

On vend séparément :

Sujets de lettres, accompagnés de *Préceptes*, à l'usage des élèves.
1 volume. 1 fr. 25 c.

Modèles de lettres pour les maîtres. 1 volume. 2 fr.

Manuel de style, ou préceptes et exercices sur l'art de composer
et d'écrire en français, contenant des morceaux écrits en vieux
style à rajeunir, des vers à mettre en prose, des exercices sur
les homonymes et les synonymes, des sujets de fables, lettres,
narrations et discours; 4e édition revue et augmentée. 2 volumes
grand in-18, brochés. 3 fr.

On vend séparément :

Préceptes et exercices à l'usage des élèves. 1 volume. 1 fr. 50 c.

Modèles à l'usage des maîtres. 1 vol. 1 fr. 50 c.

Dictionnaire des rimes françaises (petit), précédé d'un pré-
cis des règles de la versification. 1 vol. in-18, cart. 1 fr. 80 c.

Dictionnaire des synonymes français (petit), avec 1° leur
définition; 2° de nombreux exemples tirés des meilleurs écrivains; 3° l'explication des principaux homonymes français. 1 vol.
in-18, cartonné. 1 fr. 80 c.

Paris. — Imprimerie de Ch. Lahure et Cie, rue de Fleurus, 9.

*9 782013 708463 *